37899. **Satyres chrestiennes de la cuisine papale.** *Imprimé par Conrad Badius, (Genève)*, 1560, in-8, mar. vert, dos orné, dent., tabis, tr. dor. (*Rel. anc.*)    150 »

Sept satires en vers contre la papauté dédiées aux *Caphars* et destinées à être détruites par les *Rotisseurs Cagots*.

Très-rare. Superbe exemplaire dans une jolie reliure de *Der* provenant de GAIGNAT, MÉON, d'OURCHES et du prince d'ESSLING.

# SATYRES
## Chrestiẽnes de la cuisine Papale.

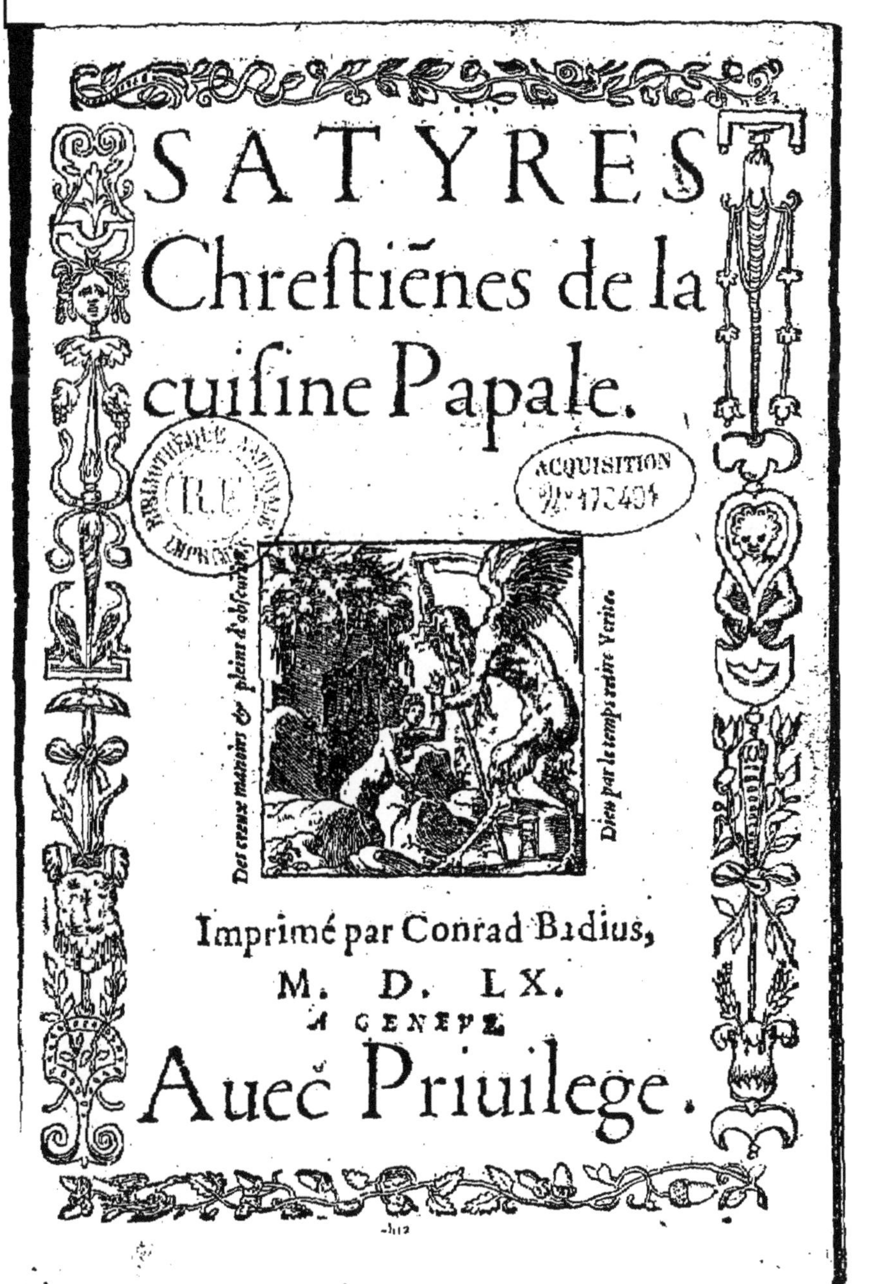



Imprimé par Conrad Badius,

M. D. LX.

A GENEVE

# Auec Priuilege.

## AVX CAPHARS.

Qui desire a nul ne desplaire,
D. nul inuiter se souuiene.
A vous Caphars, ne veux complaire:
Ie vous inuite. Or sus qu'on viene.
Venez, que le poil vous reuiene,
Tondus, pelez, ne tardez point.
Emplir vo⁹ faut (quoy qu'en aduiene)
De ce brouet chausse & pourpoint.

Nulli vt displi-
ceas, nul
lum inui
tare me-
mento.

# AV LECTEVR.

E T E puis asseurer, lecteur, que comme en mon aage indiscret la Theologie ne fust ma profession, aussi dônoy-ie peu d'heures a la lecture des Escritures sainctes, tant ie ne prenoye naturellement plaisir a la celeste doctrine: & me sêbloit estre assez de croire a ta stôs, ainsi que dit le prouerbe:&pour le faict de la foy m'appuyer sur le scauoir & conscience des ignorans & abuseurs Caphars : tellemêt qu'encores que i'eusse ouy parler des poincts qui sont auiourd'huy en côtrouerse, ie refusoye a mon escient de receuoir en main les graues & excellens traittez,qui demonstrent plus clair que le iour les erreurs & abus de ces Papelastres. Mais ayant ietté ma veuë sur certaîs escrits facetieux, & toutessois Chrestiês, aussi tost nostre bon Dieu

m'a tant fait fonder les fecrets de fa
Parole, que tout incontinent i'ay eu
horreur de l'abyfme où peu au parauant ie m'eftoye precipité. Et lorsme
fouueint du vers d'Horace:Qu'eft-ce,
dit-il, qui empefche que celuy qui rit
ne die verite? Ainfi donc ie fuis venu
d'vn rien a vn tout, comme en riant.
Et de faict,il eft certain q̃les diuerfes
accouftumances des hommes, & les
diuerfes natures font que la verite fe
doit enfeigner par diuers moyens:de
forte que non feulemẽt elle peut eftre
receuë par demonftrations & graues
authoritez,mais auffi fous la couuerture de quelque facetie. Et pour preu
ue de cela, il m'a femblé bõ de me pre
fenter en exemple pour prendre les au
tres,ainfi que i'ay efte prinspour eftre
mené en vne trefgracieufe prifon. Or
ayant a ceft effect confideré la fource
de tout le mal,remué tout le mefnage
de ceft Antechrift le Pape, ie me fuis
rué de droite cholere en fa cuifine, là
où i'ay veu fes cuifiniers fous accou-
ftremens

ſtremés de ſimplicite & honeſtete, ſu
perbes & deshoneſtes pautoniers: ſes
vtẽſiles, ſous couleur de purete & bô-
ne odeur,gras&puans inſtrumens:ſes
vîs,viãdes, & ſeruices,ſous artificiel-
les douceurs, boire & manger abomi-
nablemẽt venimeux & infets:les frais
exceſiifs,&,qui pis eſt, ſupportez par
gens miſerablemẽt hebetez , & abru-
tis. Et lors m'eſt venu en pẽſee,qu'ain
ſi que ſuyuãt le prouerbe, a bien fonder vne maiſon il faut commencer par
la cuiſine:par le cõtraire, a la demolir
il faut ſemblablemẽt donner les premiers coups a la cuiſine.Ce q̃ i'ay taſ-
ché de faire yci,ſelon que le Seigneur
m'a dóné cœur,& preſté la main. I'at-
ten ſa grace pour de brief m'ẽployer
a vaillãment ruiner le tout, & cuiſine,
& maiſõ . A laquelle executiõ tu attẽ-
dras de ſcauoir mõ nom,ſ'il ſe trouue
que cela ſerue a l'edificatiõ de la maiſon de Dieu.

# SATYRE PREMIERE.
### DE LA CVISINE EN GENERAL,
#### & du baſtiment d'icelle.

P ANTALEON, ET
Epiric,
Zophon, Mithec, &
Tindaric,
Egeſippe , & Hera-
clides,
Epenet, Zymonactides,
Caton, Varron, & Columelle,
Toy Apice auec ta ſequelle,
Praxame auecques Tailleuent,
Et tous autres qui taillez vent
En l'art & ſcauoir culinaire,
Sortez hors, & m'en laiſſez faire.
Car vous n'auez les poincts ouuers
Qui touchent a tout l'vniuers
En matiere de cuiſinage.
I'en ſcay vn de mon couſinage,
Bon garçon, nommé Platina,
Mais quoy qu'il die, plat il n'a
Des viandes de Cour de Rome.
Car ayant veu & quoy & comme
Il en parle, i'eſcri, & di

Qu'il

Qu'il ne fut oncques si hardi
D'y mettre le nez tant auant
Que i'ay fait derriere & deuant.
Car au milieu le cœur luy faut.
Suppleer ie veux son defaut.
Sus donc, a coup plume, escritoir.
Lecteur, ie t'escriray l'histoire,
L'histoire de la grand' cuisine
Des voluptez de Melusine,
En tous ses endroits perfumee,
Où les vents mondains en fumee
Sont entremeslez de tempeste.
Pluton tousiours y fait là feste
De sa mignongne Proserpine,
Autrement, Papaute la fine.
Cuisine, où rien n'est aualé
Qui n'ait este tarteuelé.
Mais sans reprocher ce qu'il couste,
De frugalite n'y a goutte
Es plats de cauillations.
Doctes confabulations,
Propos de ioyeuse prudence
Sont ennuys a l'outrecuidance
De ceste cuisine absoluë:
Tant est friande & dissoluë,

Tant elle est cuisine Attalique,
Ou plustost cuisine Italique:
Italique! Pourquoy? Comment?
Cuisine du Pape autrement :
Toute plene de grans hazars,
Où sont conuoquez tous iasars,
Qui de l'honorer prenent peine,
ASNES de la race Africaine:
Ceux, di-ie, qui du bon bruuage
Tant prisé de tout homme sage
Oncques n'eurent soif, ni ne beurent,
Entree yci pieça receurent,
Et d'honneur tant, & si auant
Que chacun de boire est scauant
Apres le taster du bacon.
Lecteur, ne touche le boucon,
Ou ne pense plus de ta vie.
Comment? que ta bouche asseruie
Soit a cest' orde infection?
Non, non: mais pren refection
Ioyeusement en cest escrit.
Boy, mange, & tantost ton esprit
Consolé chantera Prouface,
Apres disner. Vers moy ta face
Ores vray Apollo retourne,

Et

Ab Attalo rege magnifico quæ sunt magnifica, Attalica dicūtur.

Athenæus in dip. no. inter opiparas mensas Italicas recēset.

Apud pastorales Afros sūt asini nō potātes. Herod. lib. 4.

Et ton œil de faueur me tourne:
Faifant qu'en ces brouillars ie coule
Rond rondement comme vne boule,
Et ma plume finalement
Vole par tout le firmament
De fiecle en fiecles a ta gloire.

Or ça lecteur, (fi tu veux croire
Verite) vn beau clair matin
Quand ceft Hebrieu, Grec, & Latin
Rendirent en profe & en vers
Les pots aux rofes defcouuers,
Et toute la terre en rondeur
Se refentit de bonne odeur.



Ie vey des Brigueurs briquetiers
Qui çà là couroyent és fentiers
Pour raffembler brigues & briques
Et par leurs nouuelles fabriques
Serroyent & recachoyent les rofes,
Voire pour les tenir enclofes



Tafchoyent a vieux pots radouber.
Chacun fcait fi le bien dauber
Fut efpargné aux chicanoux.
Mais brief, efchaperent de nous,
Et fans parler au chien qui iappe,
Sont courus a monfieur le Pape,

Le Pape, ou Happe ſi tu veux,
Il ne me chaut lequel des deux
Tant y a que voudrois entendre
Si ce Monſieur ſ'en pourroit pendre.
Et a ceſt effect me tranſporte
Par le plus court, droit a la porte
(N'en deſplaiſe a ce Venerable)
De ſa cuiſine inſatiable.
Ceſte cuiſine eſt vne tour
Bien haut leuee par vn tour
De paſſe, paſſe: vne tour belle,
Qui rend ſplendeur ie ne ſcay quelle
D'or, d'argent, d'airin en peincture,
De blanc yuoire en couuerture,
De front marqueté d'eſmeraudes.
Mais quoy? ce ſont abus & fraudes,
*Nicode-*    Et toutes gayes happe-lourdes.
*mites.*     Ie m'en rapporte aux Limes-ſourdes,
Et meſme a d'aucuns bons Caphards,
Si ce ne ſont biffes & fards
Sur bois pourris. Le fondement
Sans chaux, ſans ſable, ni ciment
*Chemi-*    Eſt ruineux. Les cheminees
*nees ſont*  Nous voyons ſouuent fulminees
*les clo-*
*chers.*     Par leurs exceſſiues hauteurs.
                              O fumeux

O fumeux clochers, abstracteurs
De quinte essence! O fols, qui estes
Tant eslourdis de ces sonnettes,
Tressaillemens, & quarrillons!
O caillettes, o coquillons!
Allez a la Cybele, allez,
Et vos cymbales triballez.
Car comme bien scauez, ces cloches
Vous font croistre vos espinoches
Par leurs sons doux comme rosee.
Sur ces sons i'ay ia composee
Chanson a vostre chastiement.

  Scauez-vous de ce bastiment
Qui est premier fabricateur?
Ou mieux, qui est le vray autheur
De ces puissans materiaux?
Quand des palus inferiaux
(Apres qu'elle eut beu sa chopine)
Ma dame, dame Proserpine
Veint au monde acquerir renterre,
Lors par la mer, & par la terre
Vsurpa nom de Papaute,
Et sous fards de laide beaute
Se feit clamer la mere Eglise.
De là vient qu'elle se desguise

D'vn

In sacris Cybeles matris deorum, tympana pulsabatur.

Proserpine se nomme Papaute.
Renterre en Bourgongne signifie rin le fossere.

D'vn beguin, qui trousse amerueilles
De L'ASNE les grandes aureilles,
D'vn surcot, puis d'vn demiceinct:
Et puis vous bransle le toxeint,
Et din dan dan dit la clochette:
A son col tourne sa cornette,
Sur son col met vn grand gaban:
A son chapeau pend le ruban,
Qui denote qu'on ne si frotte.


Deux filles de chambre ont la cotte,
Cotte verte, & les mancherons:
Et le plus souuent chaperons,
Ou vn bonnet quarré poinctu
D'vne recachee vertu
Sous vn bel & blanc chemisot.


Le bon le tant bon Parisot
Fait de tout ceci vn grand cas.


A bon droit. Car iadis Phocas
Se dict estre cousin germain
De la dame. Elle porte en main
Bagues & anneaux, faits en somme
Pour monstrer le chemin de Rome,
Siege de sa desloyaute.
Les suppots de sa cruaute,
(Venós au poinct) faicts incroyables!

Trente

Trente.mille tous petis diables



Sous le capitan Fort-espaule
Apporterent en nostre Gaule,
Et depuis en toute l'Europe
Cest attiral.Comment? En croppe.
Et d'où? Du manoir infernal.
C'est cela que dit Iuuenal,
Sa cuisine son chacun suit.
Mais passons outre sans grand bruit.



Si faut-il qu'vn peu a requoy
Ie contemple ce que ie voy
Sous ces colomnes.quels phãtosmes!
Sont Atlas, sont geãs, forts hommes,



Qui l'Eglise, selon l'aduis
Des sots, assotez & rauis,
Portent sur leur dos:que si bien
Tu les vois, cert'ils n'y font rien,
Sinon qu'assez nous representent
Tous Cagots, qui tous se contentént,
Pour tous labeurs, de vie oiseuse.
A veoir leur trongne bilieuse
L'on diroit qu'ils souffrent beaucoup
Pour l'Eglise.Or a coup, a coup,
Qui a-il sur ce chapiteau?
Deux clefs.Que dit cest escriteau?

*Les armoi-*
*ries & di-*
*uise du*
*Pape.*

IL N'EST QVE DE VIVRE A SON AISE.
QVE CHACVN ME CROYE ET SE TAISE.

De faict, ma dame Papaute
A si fort brusquement heurté,
Et employé ses clefs tortues,

*La puis-*
*sance des*
*clefs du*
*Pape.*

Que d'enfer portes abbatues
Voyons a l'œil pour toutes gens
Receuoir qui sont diligens
De suyure ses poltronneries.
Qu'ainsi soit, aux Pasques flories
Qu'est-ce qu'ils appellent enfer?
Tu vois rompre de Lucifer
A trois coups les portes ouuertes.
(Entrez auec vos brãches vertes.)
Car au moins ce iour on confesse

*On chãte*
*Messe en*
*enfir, a*
*Pasques*
*flories.*
*Tenebres*
*se disent*
*la sepmai-*
*ne penen-*
*se.*

Que dans enfer on chante Messe.
Dont suyuent tantost les tenebres
Parmi ces oraisons funebres.
Tous petis enfãs diablotons
Rompent tout: pierres & bastons
Courent menu. Et la complainte
S'en chante la sepmaine saincte,
A gueule bee. Pour le moins
Il n'y a faute de tesmoins,
Tesmoïs qui ont yeux, nõ pour veoir,

Qui

Qui ont aureilles, sans pouuoir
De bien ouir, le cœur non tendre,
Trop engraissé, pour bien entendre
Le defaut du dos accourbé:
Tesmoins a cerueau perturbé
Auec leurs ventres ocieux.
Et que disent-ils? que les cieux
Pour de l'argent nous sont ouuers.
Ils les nous vendent les pois vers,
Et aux gris leurs amis inuitent.
Ces depositions euitent
Gens craignãs Dieu, & pource mesme
Qu'elles n'ont raison que Quaresme,
C'est a dire, maigre, & mal saine,
Le tout pour farcir leur bedaine.

## SATYRE II.

### DESCRIPTION DV IARDIN DE LA Cuisine, & du moyen d'y entrer.



**P**ASSONS pl'outre.
De costiere
Est le iardin, le ce-
mitiere
Bossu toutes pars de
naueaux

Que

Que l'on y seme plus nouueaux:
Clos de murs, de palis, ou busches.
Es portes sont mises les cruches
A sçauoir pour les violetes,
Fleurs d'amours, pômes d'amouretes
Et la bonne Dame arrouser.
Il faut souuent pigner, touser
Des maistres moines la Rheubarbe,
Et du bouquinant bouc la barbe
Pour euiter Melancholie.
Mais quand l'herbe de Ialousie
Monte en haut, lors la Tormentille
Par les quarreaux court & fretille,
Et fait pulluler Baguenaudes.
Le Millot a faire des gaudes
Alors prend son auancement.
Il y croist assez de Serment,
La Cruciate, & Sanguinaire,
Et le Feu ardent d'ordinaire
Suyt de veaux & d'asnes les pas,
Suyt aussi comme par compas
Bec d'oye, & Langue de serpent
Auec tout ce qui en depend.
Et c'est pourquoy l'on voit flourir,
Comme pour iamais ne mourir,

A merueilles la Romanie.



Il n'y croist point d'Aigrimonie,
Encores moins de l'Ancholie,
Parce qu'elle engendre folie,
De Soulci, d'Estrangle-liepard,
D'Estrangle-loup:& nulle part
Se fait l'Angelique apparoistre.
La Grace-dieu n'y pourroit croistre.
Mais voyci par tout, dans le sable,
Belles greines de Mort-au diable,
A qui en veut. De Sauue-vie



Pas vn grain. Es-tu là grauie
Laïs? est-ce toy qui domines
En ce verger? qui determines
De tous Bons-chrestiens desplanter?
A bas. Il me faut charpenter.
Tip, tap, arbres defectueux,
Arbres secs & infructueux,
Croix sur les chemins espanchees,
Croix derompues, croix hachees
Tombez, tombez dessous ma hache.
Ie tire, ie brise, i'arrache.
Le curé crie, & s'escriant
Son vicaire vicairiant,
Que diable faites-vous, dit il?

Ha,monſieur le docteur ſubtil,
Di-ie lors,le voyant en face,
Qui ſcaura mieux faire,le face.
    Suyuons diligemment le cas.
Sans grãs plaids,ni grans aduocas
Apres d’vn grillot les chanſons
Ie vey d’y entrer les façons
Qui ne ſont de fort bonne miſe.
Voyci le portier en chemiſe
Qui chaſſe les diables cornus,
Et dit a ces poures corps nuds
Son gergon.Ia dés le cliquet,
Ie flaire le beau ſaupiquet
D’huile,de ſel,crachat,pouciere.
C’eſt vne ſaugrenee chere
Par l’opinion d’Auicenne.
Mais ce n’eſt pas pour vie ſaine
Que d’vne maniere ſi ſale
La bouche & les leures on ſale.
Mais ſeroit-ce point pour autant
Qu’ils aiment a boire d’autant,
Et voudroyent bien ces mal-heureux
Qu’vn chacun fuſt auſſi preſt qu’eux
D’aller où ils vont,ſans le croire,
A force de manger & boire?

L'abiuration, l'exorcifme
En lieu de tout le Catechifme,
Chargent comperes, & commeres,
Voire fans charges trop ameres.
Car peu d'argent fait la defcharge.
Entrons donc. Place. Large, large:
Et vous aurez de l'eau benite
De la cour du bon Chatemite.
Et plus n'en dit le depofant.
Car le temps eft qu'en f'oppofant
A toute reformation
*C.confir-*
*mation.* On vient a recrefmation,
A ces ferre-fronts & bandeaux,
Ou autrement brides a veaux,
*Premiere*
*tonfure,* Le tout a falut fort requis.
*marque*
*de la befte* Tondre les veaux, & prendre acquits
Pour la fomme de douze fols,
C'eft premiere marque des fols
*Compa -*
*raifondes*
*idolesdes* Qui fuyuent les cognus mal-heurs
*Payens*
*&des Pa* Des idolatres. O couleurs!
*piftes.*
O abominables peinctures;
Horribles, infames fculptures!
Voyci au vif reprefentée
Venus la deeffe efuentée
Au tableau de Conception.
                              b.ii;

O tref-belle deception
De Cofme & Damian, deux faincts,
Faicts pour infecter les plus fains!
Tel fut A Efculape conioinct
Auec Apollo fon adioinct.
Gabriel difpoft & leger
Qu'eft-il finon le meffager
Des dieux, qu'on appelle Mercure?
Et puis fainct Eloy, qui procure
Iour & nuit a forger des fers,
C'eft Vulcain, du fond des enfers.
Baptifte eft Hercule tout faict,
Excepté qu'il eft plus deffaict.
Ie voy fainct Pierre, & fes pieds nus.
Qui eftes vous?Hà c'eft Ianus
Et fes clefs.Mars a la grand' gorge
Eft-ce poît Môfeigneur faîct George
Qui de Ceres l'enflé dragon
Autrement le Demogorgon
De faincte Marguerite tue?
Ie voy vne rouë abbatue
A ce coin, Saincte Catarine,
De tefte, de bras, de poictrine,
De tout tu reffembles Fortune.
Et toy Diane, blanche lune,

Touf-

N'eft-pas Hubert ton Actæon?
Touffaincts vous eftes Pantheon
A ces vieillars antiquateurs.
Cà,là courent reliquateurs
Comm'infenfez,fans interualles,
Et tout au trauers des Nouales
Font reuerence a l'antiquaille.
Les plus fols ne iettent pas maille,
Mais des beaux efcuts ou ducas.
Dieu fcait lors fi frere Lucas
Defert ioyeux le benefice.
Brief,tous officiers font office
Pour tous ces triaculeux faincts.
O par trop dangereux deffeins,
S'ils venoyent toufiours a leur côte!
Si faut-il que ie face vn conte
Du coufin germain de Villon,
Tauernier,nommé Trompillon,
Subtil,caut,& fallacieux.
L'hyuer eftoit froid,glacieux,
Vn phantofme de neiges fait
Ce tauernier:& pour l'effect
De fes defirs,vallet,chambriere
Enuoye deuant & derriere
Affembler gens de tous quartiers

Pour apporter de leurs meſtiers
A ce bon marchand les denrees.
Pellaux chargent robbes fourrees,
Merciers beaux gans, belles mitaines.
Tous tréblent les fieures quartaines
Du bon vouloir qu'ils ont de vendre.
Mais ſi toſt qu'ils peurent entendre
Le faiĉt en ſoy, chacun de rire
Du bout des dents. Lors le bon ſire
Dit, Or meſſieurs, puis qu'yci eſtes
Venus de loin, approchez, faites
Qu'entriez dedans ce refretoire,
Et que ſans papier n'eſcritoire
Baiſiez dehait le Babouin.

*Vn fol mene l'autre.* Or ſuis-ie prins (dit Baudouin)
I'en y enuoiray plus de mille.
L'on y va, l'on y court a file,
Chacun y eſt treſ-bien receu,
Nul ne ſe vante eſtre deceu,
Pour plus de compagnons auoir.
Ceux qui ſont accorts en ſcauoir
Scauent le mieux faire les mines.
O temps, temps qui tout determines,
Quand reluiront les chauts atomes,
Qui ces neiges, & ces phantoſmes

Fendront

Fendront,&fondront en ordure?
Las! helas têps quels maux i'endure,
Attendant de Dieu le fecours!

## SATYRE III.

DES OFFICIERS DE LA
Cuifine,Sires,& Meffires.

S V Y V A N T de mes
voyes le cours,
Courtoifemét iepaf
fe & trote.
Bãquiers Romanef-
ques de Rote,
Tous les gourmets de benefices,
Grans embaleurs de malefices,
Tousmeurtriersde cheuaux de pofte,
Tous bullistes a la compofte,
Gryphons & harpyes de cour
Des bufchers de la baffe cour
Apportent bufches és landiers.
Infinis finets,haut-gourdiers,
Beguines,Nonnains rebraffees
Y iettent fagots a braffees.
Cordelieres,Caymandieres,

Conuerſes, vrayes viuandieres
Sçauent de la deeſſe Bonne
Les ſecrets mieux que la Sorbonne.
De là les viuandiers Conuers
Ameinent chariots couuers,
Pour emplir les larges marmites.
Là pres ſont marmitons Hermites,
Qui les pots bruſquement eſcument.
Carmes ſ'eſcarmouchans, preſument
Qu'ils font bien le faict de ſouillars.
Auguſtins, ruſtres & gouillars
Hardis, laborieux, prudens,
Freſſuriers à iouër des dents,
Quand ils ſe ruent en paſture,
Fort bien eſpluchent la nature
De ce qu'il faut bouillir ou frire.
Bordeliers (ha c'eſt mal eſcrire)
Cordeliers, autrement Mineurs,
Auec Iacopins bons beuueurs
Aſſemblent oignons & ciboules,
Auſſi rondelets comme boules,
Eſtendus comme marroquins.
Les voyez-vous les gras coquins?
Qu'a autre choſe qu'a pantoufles
Ne valēt leurs peaux, & leurs ſouffles

Qu'a

Qu'a mouuoir l'air a peſtilence.
Quoy que ſoit, touſiours font vaillãce
De rompre andouilles aux genous,
Mocqueurs de toutes & de tous.
Pres leurs butins, amas, & qu eſtes



Deux chatemites faiſoyent feſtes
D'auoir (tant ſe diſoyent experts)
Laiſſé poures veſtus de pers
En la garde du bon Ieſus:
Et que de là eſtoyent iſſus
A la ſauue-garde des Anges.
Le faict eſt, que ſortans des granges
Ils auoyent laiſſé l'andouillon,
Et pour auoir meilleur bouillon,
Des andouilles ſ'eſtoyent munis.



Cà queſtains eſtez-vous bannis
Par le Concile? I'en appelle.
Tenez la queuë de la peſle,
Et preparez vos fricaſſees.
Ie voy lardoires amaſſees,
Et leſchefrites qu'on apporte.
Voyci trottiers de toute ſorte,
Traine-couſteaux ieunes & vieux,
Ou traine-gueines pour le mieux.
En premier lieu les anciens

Benedictins, Cisterciens,
Autrement nommez Bernardins,
Mathurins, mille noirs badins
Cà & là, derriere & deuant,
Tant reuerends, tant bas-deuant,
Sans qu'ils craignent de tout gaster,
Trauaillent a rost enhaster,
Monachalement sans reproche:
Et tousiours quelqu'vn d'eux ẽbroche
Ce que l'autre a lardé. Les hastes
Beaux Nouices a toutes hastes
Branslent de mesure, & a poinct.
Les couriaux n'arrestent point,
Vrais picquelardons en secrets:
Aussi seruent-ils les sucrets



Leans de secrete besongne.
Chartreux (quãtes bestes i'épongne!)
Sõt pecheurs, pescheurs (di-ie) helas,
Iamais a mal faire trop las.
Mais veux-ie espuiser les retraits
De ces Reuerends & discrets?
Veux-ie espuiser telles riuieres?
Abbez, Prieurs en leurs louuieres
Tienent les caues & greniers,
Vins, gobelets, pains, & paniers,

Desquels

Defquels tant viuement fe donnent
Parmi les iouës, qu'ils entonnent
Haut & clair le Gaudeamus.
Ie voudrois fcauoir fi Ramus
En porte point la pafte au four.
Non, car il eft (paffe ligour)
Maiftre aux ars d'efcornifleries.
Curez (mortelles moqueries)
Es doux fons de leurs chalemeaux,
Efcorchent tous vifs leurs aigneaux,
Et les font languir fur la paille.
Vicaire (farouche canaille)
Toft apres en font boucherie.
Yci faut que ma boucherie,
Puis que ie voy tirer farines
De ces images tant diuines,
Et les morts payer les tributs.
Puis apres d'ailleurs quels abus,
Quand ils vendēt terre & tombeaux,
Et loin & pres comme corbeaux
Cherchent, & fuyuent les charógnes?
Puis ces chanoines, graffes trongnes,
Efpanchez çà là par quantons,
Attifent au four cheuantons
Pour cuire flancs, flanges, flamuffes.

*Ramus eſt cornifleur* (marginal note, beside line 4)

*Vultures & corui ad cadauera.* (marginal note, beside lines 20–22)

*Cheuanton, en bõ Bourguignõ, ſignifie vn bout de tiſon.* (marginal note, beside lines 24–25)

Les seruietes, les aumusses
En payent l'amende ordonnee.
Vn cuisinier a la iournee,
L'ordoux Girard, scait bien a quoy
Cela sert, pour auoir de quoy
Bien chafourrer sa gibbeciere.
D'vser de crachat, de pouciere,
De graisse, de cire, & salpestre,
C'est le mestier de sale prestre,
Puant, laid, vilein charbonnier,
Regratier ou estansonnier,
Qui ne se mouche que du couce.
Et quoy que rien, rien ne leur couste,
Et quoy qu'aussi ils s'entreflatent,
Voire ainsi qu'asnes s'entregratent,
Si est-ce que marchans de frippe
Ie voy courir, & pour la tripe
L'vn sur l'autre pyratiquant,
Et l'vn de l'autre practiquant
Formes de corbinations.



Ie voy en cour les pensions
Des courretiers a courbes dos,
Vrais mastins a l'entour d'vn os,
Qui grondent a tous sur les marches.
Euesques, Primats, Patriarches,

　　　　　　　　　Suffra

Suffragans, & Officiaux
Seruent d'escuyers feriaux

A presenter les premiers mets
En processions, mais iamais,
Que la croix ne marche deuant.
Le confanon est mis au vent,
Pour defése aux assauts des mouches,

Lors brayēt de toutes leurs bouches,
Presentans a tous leurs viandes.
Les volatilles plus friandes
Sont par les Cardinaux portees.
Toutes delices apportees
En dernier mets par Courtisanes.
Garçons sur mulets & sur asnes,
Ganymedes, pocillateurs,
Truandeaux, gaupinets, flateurs
Sont en tous lieux toute heure prests
A verser de loin & de pres,
Tant sont-ils gentils faucõniers.
Quoy plus? Nos maistres Sorbõniers
Aussi luisans qu'vne lanterne,
Sont au milieu de la tauerne.
Phirnis vien çà, Mistil va là,
Regarde bien Taratalla
Pour le rost a temps reculer,

Garde fur tout de le brufler,
Et l'on te puifera vn bain.
Mæfon eloquent & vrbain,
Pour toy nos feux font trop ardans.
Sorbonniers font Nabuzardans
Efquels Nabuchodonofor
A baillé foudarts & threfor
Pour donner aux bons vn' atteinte.
Las, que ie fuis en trouble & crainte!
Ils vont a pied & a cheual,
Ils courent a mont & aual
Pour prendre l'Eglife aux paffages.
O nos bons maiftres & bien fages,
Notamment pour fcauoir par feinte
Ruiner la Cite treffainéte.
Paftiffiers reuerendiffimes,
Cardinaux eloquentiffimes,
Les gran-goufiers Inquifiteurs
De la foy, font conquifiteurs
De nouuelles tres-diligens:
Helluons, Gancons, Sergens,
Golfarins, & Ligurions
Les defendent des horions.
Raifon? Celuy qui n'eft pas preftre
Quelque iour le pourra bien eftre:

Ou

Veteres dixere Mæsona elegâtê & vrbanum coquum.

Ou bien ſes enfans par la panſe
En auront quelque recompenſe.
O tranſport d'eſprit!O manie,
Qui tels cerueaux ainſi manie
Et nourrit tant vilenement!
S'il ſe trouue quelque Alemant,
Ou quelque Bourguignon deFrance,
Qui de parler vn peu ſ'auance,
Au VENTRV.Cóme quoy?S'il dit,
Quil n'eſt le premier en credit,
En vn mot,qu'il n'eſt rien du tout,
Soit qu'il ſoit aſſis ou debout,
Quel bruit? & quel tumulte alors?
Il eſt chaſſé, chaſſé dehors,
Chaſſé dehors,ou pluſtoſt pris:
Il eſt expoſé a meſpris,
A ceps, a priſons:puis afin
Que trop ne ſe morfonde,en fin
Eſt approché du feu ſi pres,
Qu'il ne faut pas aller apres
Que pour ſouffler la cendre au vent.
Voyla la gloſe du conuent
Prinſe des recachez ſecrets
A faire obſeruer les decrets
De la faculte Trologale,

Autrement vertu Cardinale.
Si faut-il que ie me marrisse
Qu'vn ieune Reuerend nouice
Veut toute la souppe humer.
Oncques ne fut trouué amer
Ce qu'a songé ceste poupee,
Quoy que soit, la Prosopopee
Est seul appuy du Papelage.
Ils sont tous gens de beau pelage.
Mais comment sont-ils appelez
Generalement? Ras pelez.
Pelez ils sont, signe apparent
Que le peche est leur parent,
D'autant qu'ils n'ont d'hóme de bien
Vn tout seul poil qui vaille rien.
O mentons tondus, mentons ras!
Entre en cuisine & tu riras
De ces beaux marmosets barbus,
Qui sans parler preschent l'abus
De ces cynedes esbarbez.
Mais quoy que soyent ainsi gabbez
Ces frons luisans cóme aurichalque,
Chacun d'eux (pourueu qu'il defalque
Bons deniers de nos escarcelles)
Est content de plaire aux pucelles,

Et

Et nous seruir de faceties.
Non,non,di-ie, sont primities,
Rasé,tondu,que tu consacres

*Cuisiniers couronnez presbytera lement.*

A Dieu.Ie recognoy les Sacres
De vous,ó Rois,& vos conquestes,
Les couronnes des iours des festes
Dieu,& sainct Iehan.[b]Ioniens
Ou,comme on dict,les Indiens
Ont a tant sot couronnement
Donné sotart commencement.
O monachale inuention!
O la belle operation

*Plebs Cerealibus, Patricii Megalé-sibus mu titare,id est mu-tua cõui uia agi-tare in-ter se so-lebant. Gel.lib. 2.cap. 24.*

Es testes de ces bons pions!
Qui comme vaillans champions,
Plus boyuent,plus la soif les presse!
Ces [c]Leontins font douce oppresse
A leurs hauts godets & calices
[d]Parmi le peuple & les Patrices,
Es Cereaux & Megalenses.
Et tant mutitent(o vaillances

*Cotho-nismus dicitur ebrietas apud La-cones. Nã Co-thõ erat poculi genus.*

En campagne du [e]Cothonisme)
Que ie di tout leur fanfarisme,
Estre par hypotiposie
La nouuelle acratoposie,
Puis Alexandre mise sus.



---

[a] Qui ex e-phebis excessis-sent,de-lati Del-phos pri mitias co mæ offe-rebant Apollini

[b] Primi Iones in cõuiuiis corona-tũ & vn-guẽti cõ-suetudi-nem inue nere, ma xima lu-xuriæ ir-ritamen-ta. Ab In dis post-ea vsur-patum est,vt ad conuiuia corona-ti acce-derent. Romani deindq coronas inter po-cula v-surpa-runt.

[c] Semper Leontini iuxta pocula.

A la vendange°Indois.Or sus
Indois Alexandrocolaces,
Et vous Dionysocolaces,
Syracusains,galins galois,
A fin d'auoir meilleures voix
Beuuez comme seches terraces.
Et puis a belles patarraces,
En vos religieux conuiues.
Vos commessations chetiues
Soyent sans regle & gubernateur,
Sinon qu'vn Modiperateur
Die a chacun,ᵇVa t'en,ou boy.
Voyci le poinct,voyci la loy
Pourquoy ainsi queᶜTarentins
Se leuent souples les matins
Pour boire,ᵈ &cõme gens Libyques,
De voix tremblantes,& lubriques
Hurlent au milieu de leurs temples,
Apres neantmoins que les amples
O Enophores ontᵉesgoutez.
Ceux qui là les ont escoutez
Quand tout est dit,qu'ont ils appris?
Cependant marchans qu'ont ils pris?
Tout ce qu'on donne aux reliquaires
Est aux morts,ou a leurs vicaires.

Car

---

Marginal notes (left column):

a Præter gymnica certamiha abAlexãdrò proposita,etiam acratoposiæ,id est,mera ci potus certamẽ fuit institutũ. In eoprimas occupanti taletum fuit præ miumi secũdas, triginta minæ de cem tertias : idque quũ Calanus Indus sese viuus cremaret

b In Græcorum cõuiuiis lex ea ob rinet, Aut bibe, aut abi.

c Tarentinis inueterati moris fuit macutinis se poculis ẜa inuitare,vt iam frequẽtiore foro temulẽti vi derõtur.

Marginal notes (right column):

d Libyci moris fuit in templis vlulare. Porro apud illos rei diuinæ caufa am plius lar giufque fe inuita re nefas credeba tur,& post facrificiũ ebrii fiebant. Herod.

e Iuxta illud, Sanctus Dominicus fit nobis femper, amicus, Cui cani mus noftro iugi ter præconia re ftro, De cordis venis ficcatis, ante la genis.

Car il ne fut onc tels marchans
Pour scauoir par ville & aux champs
Arriere-boutiques dresser.
Si tu veux a eux t'adresser,
Cuideras que leurs meschans draps
Soyent bons & fins. Quãd tu vendras
Taster le guay de leurs mestiers,
Ils vendent tout temps volontiers,
Voire sans liurer marchandise.
Ceux qui sont chats de friandise
Ne poisent les frais qui s'enuolent.

*Confrai-*
*rie appe-*
*lle la fa-*
*culté,*
*a Paris.*
De là les dets & cartes volent
En la faculte de Paris.
D'ailleurs les viuans qui par ris
Prenent a soulas le bon temps,

*On n'vse*
*iamais*
*du succre*
*de la Pa-*
*role de*
*Dieu en*
*cefte cui-*
*fine.*
Sont tous ioyeux, font tous contens,
Mais que succre on ne leur presente.
Succre leur est poison presente,
Succre, parole deriuant
De la douceur du Dieu viuant:
Succre qui de sa douceur donte

*La parole*
*de Dieu*
*dontera*
*la cholere*
*presbyte-*
*rale.*
La cholere qui les surmonte,
D'autãt plus qu'ils sont choleriques.
Voyci nouuelles rhetoriques.
Iusques aux plus petis vicaires

Caphars sont bons apoticaires
Sans succre, & tous bons cuisiniers.
Mais qui les fait bons? Bons deniers,
Bon pain, bon vin, & bonne mine,
Qui le monde bigot affine.
O estomachs fastigieux!
O ventres tres-ingenieux
A trouuer nouuelles delices,
A lescher plats, humer calices,
Pour abbreuuer les consciences!
C'est pourquoy ces Biẽ-pris-en-pãses
Auant qu'appetis soyent ouuers,
Sans cesse, a tors, & a trauers
En tous, par tous les elemens
Cherchent les meilleurs alimens
Pour satisfaire a ce gosier.
Ie scay grand chose en vn chosier,
C'est tout vn de toute despense
Pour contenter ceste grand panse.
Grand panse Heliogabalique.
Vn mot aussi vray qu'Angelique.
Quel mot? Pour cela bien venus
Sont a Rome, & bien retenus
Messieurs nos maistres les doubteurs.
Car quand ils seront inuenteurs

De nou-

Gustus elemẽta per omnia quærunt.

Illi est in solo viuendi causa palato.

Poures docteurs crotez souuent mal recompensez. O grã de pitié!

De nooueaux brouets, on rira,
Et tantoft chacun leur dira,
Ces brouets font par vous broyez,
Mangez-les. Au refte, croyez
Que iufqu'a tant qu'vn autre tente
D'en auoir vn qui mieux contente,
Seulets viurez de vos humeurs,
Poures miferables humeurs,
Qui tant fouuent lafchez la prife
Au lieu mefme où vous l'auez prife.
Mais yci deux chofes me feichent.
Que ces cuifiniers leurs doigts leichēt
Et de ce que tout d'vne fois
Ils ne fe mangent tous les doigts.
Ie parle a vous difputateurs,
Vous du Pape les palpateurs,
Où font vos anciens cerueaux?
N'eftes vous pas ou cerfs, ou veaux,
Ou ferfs & veaux, qui vilement
Seruez fi volontairement
Meffieurs les efcureurs d'eglife?
Mais de grille. Si ie deuife
Auec eux, maugre leur bricole
Ie leur apprendray tour de role,
Tour de cuifine, tour de broche.



Roma-
na vir-
tus quò
abiit?

Approchez poltrons d'Antioche,
Captifs esprits, lourdaux, testus,
Quoy que vous soyez long-vestus
Et munis de diuerses armes,
Iacopins, Cordeliers & Carmes,
Et tous vous autres d'autres noms,
Si n'estes vous en vos prenoms
Autrement appelez que Sires,
Ou si le voulez, que Messires,
Messires Iehans: & vos bagages
Ne sont vrayement que les gages
De mort apres mortelle vie.
Où suis-ie ame? qui t'a rauie?
Reuien a moy. Parler conuient
Du reste. Assez il me souuient,
Que cagots ont pour Dieu, Foy, Loy
Vn Satan leur Pape & leur Roy,



Et ce mot GASTER, pour deuise.
Puis la couleur, qui les diuise
C'est blanc, noir, tanné, pers, & vers,
Et gris, qui est le plus peruers,
Fauorisé du capuchon.
Fanfreluche & sa Baudichon
Cognoissent biē qui biē s'accoustre.
Quant à ceux qui passent plus outre,

Et por-

Et portent magnifiques titres,
Ils ne font coquins ni beliftres,
Ains ont des biens iufqu'a creuer,
Ces biens les font dormir, refuer
Par voracite, & frequente
Repletion, qui les tourmente.
Sous gabans, furplis, & roquets,
O beaux & rouges Perroquets!
Voire mais le temps eft paffé
Qu'a l'ombre d'vn verre caffé
On faifoit dandiner le monde.
*Belles al-* O belle fcience & profonde!
*legories.* L'aube & le furpli blanc denote
Vie fans macule & fans note.
La mitre des deux parts cornue,
Science certaine abfolue
Du vieil & nouueau Teftamens.
Les gands, des facrez Sacremens
Syncere adminiftration.
La croffe, faine attraction
Des brebis a vraye pafture.
La croix, les liures, l'Efcriture,
Des humaines affections,
Auecques les afflictions,
Les aduenemens fignifient.

Voyla où Caphars se confient
Par belles contemplations.
Mais au titre des ᵃActions
Renuoyent les Institutaires.
Voyla pourquoy Reuestiaires
Sont de ces robbes assortis.
Soyent au surplus tous aduertis,
Que pour estre plus redoutable,
Le Pape ha ᵇdes amis de table,
Qui trouuent en cuisine bon
Le salé, mesme le iambon,
Et, quoy qu'Horace ᶜdie en vers,
Ils ont gousts nullement diuers,
Mais bien sont-ils de deux manieres.
Premiers estendars & bannieres
S'appuyent au dessus des grosses,
Des pieça qu'on appelle, Crosses.
Dont pour le bien public bondissẽt,
Et par le pays s'esbaudissent
Ces poures clabaudeurs de vesses,
Ou si tu l'aimes mieux, de Messes,
Chapelains, aumosniers crotez,
Fesseurs de BENEDICITEZ.
Car quoy que soit pour paruenir,
Il faut bien du mal soustenir,

Tout

Reuestiaires.

Les gros mangent les petits.

Aliusio ad titulum De actionibus, lib. Institutionum Iuris Ciuilis quarto. Nam re vera isti contemplantes nihil agunt.

ᵇ Amici Thalami.

ᶜ Hora. Tres mihi conuiuæ, &c.

Tout est a vendre sans nul si
Tant ils ont courageux souci
De bransler leurs dents affamees.
Polyphagies diffamees
Vous nous vendez des haligornes!
Ie scay que du Pape les cornes
Croissent par tels saturions.
Vrayment sont les Centurions
Pour l'exercice de leur guerre.
Or ça gentil homme sans terre,
Ami de Dieu, comme tu dis,
Ceste cuisine est Paradis
Pour toy en toute liberte.
Ha, que le brouet esuenté
Et la nideur de ce pourpris
Te tient lié, garroté, pris!
Est-il possible qu'homme puisse
A ceste table vser sa cuisse,
Pour se voir tant de fois trompé?
Celuy qui est en cœur frappé
De l'espoir de soupper a part,
Attend qu'on luy face la part
De quelque beau rable de lieure,
Ou quelque fois de quelque bieure,
Cuisse ou aile de gelinette,

Saturiô apud Plaut.in Persa, parasit[us] est per ãtiphrasim, eo quôd nũquam fatur sit.

Nourris an esperãce de benefices.

Et songe qu'vne godinette
Desia le sert de pain blanchi,
Et puis de bon vin refreschi
Sous le bon vouloir de ses dents.
Messieurs les Superintendens
Qui cachez d'abus l'inuentaire,
Les Concordats qui vous font taire
Vous font grand outrage endurer.
I'enten bien que c'est pour durer,
Et auoir la part au gasteau.
Vous estes prests, ne bien ne beau
De vous exposer a risee.
Barbe rase & teste rasee,
Comme tous autres Trupelus,
Souffrirez encor Goguelus
*La mar-*
*que de la*    Que grassement a vn besoin
*beste.*      Du seau l'on vous marque le groin,
Et irez ainsi faire sauts.
O dignes d'estre commensaux
Et amis de tels Pape-dieux!
Dignes d'estre veus en tels cieux,
Et d'estre repeus de tels mets!
Pres de ce Pape ie vous mets
Cardinaux, comme du Tyran
Estoit ce grand Cyrenean
                              Aristip

Ariſtippe, ou bien Euripide
De palper, & flater cupide
Pres du grand roy de Macedóne.
Et pourquoy? d'autant que l'vn dóne
Ce que l'autre prend volontiers,
Mais le pis eſt, qu'auant le tiers
De tous les deſirs acheué,
Il faut iouer au cul leué.
O le temps! o Morgue la fée
Qui t'a ainſi mal deſcoifée?
O champignons defracinez,
Que vous eſtes tantoſt fenez!
Amis de la table ſeconde,
Amis flateurs de tout le monde
Sont Gelaſins, & ſouls-de rire,
Alterez, affamez. O Sire,
Combien y a-il d'elephans,
Qui ainſi que petis enfans
Tant & tant, & touſiours papiſent,
Et tant & tant ce Pape priſent
En toute leur gaſtrologie.
S'enſuyt, que par anagogie
Ils font vn merueilleux deuoir
Pour la grace du Pape auoir
Par leurs predicacations.

Mais ces parasitations
Helas! helas! sont trop cognues
Pour paistre de vesses de grues
Ceux qui ouurent la bouche grande
Pour manger meilleure viande,
Et non point leur drogue esuentee.
O beface par trop rentee
Sur les contes de la Cigongne!
A Dieu vous di la rouge trongne
Si vous n'auez meilleurs appuis.

*Sticot, di*
*ction Ger*
*manique*
*yci mise*
*par allu*
*sion.*
Sticot desia fait le pertuis,
Par où s'espancheront vos bribes.
Vous Pharisiens & vous Scribes
Qui ne pensez que de la panse,
Il ne faut plus qu'on se dispense,
Il faut que solennellement
On marche le pas d'Allemant.
Or sus donc marche là Iaquet                    *Cœnalis*

*Cœnalis.*
*Souppier.*
Cœnalis, de qui le caquet
Auec cest Interim radote.
Et vous Monsieur de l'Antidote,
*Rotier*
Mis auant par ce vieil routier,
Qui porte nom d'Esprit Rotier.                    *Spiritus*
                                                  *Rute*
                                                  *rus.*
O viande d'apoticquaires!
O diuins bouchons a clysteres!

                              Qui

Qui veut cornets a fine espice
Frisez a barbe d'escreuice,
*Frere Le-*
*ger Bon-*
*temps.* Aille droict au moine Bon-temps:
S'il n'aime mieux le passe-temps
*Le preux*
*Antoine*
*Catelan.* Du preux Catelan Fripelipes,
Grãd docteur, grãd macheur de tripes
*Artus*
*Desiré.* Et puis ce badin Deschiré
De ses semblables desiré,
Digne pour mieux le resiouir,
Du vray priuilege iouir
De ceux la qui PASSENT PAR TOVT,
Nommez les fols iusques au bout.
*Guillot le*
*Porcher.* Et toy Guillot, & tes pourceaux,
*FrerePi-*
*erre Doré.* Et toy asne adoré des veaux,
*Nicolas*
*Garnier.* Colin Garguille, ou bien Garnier,
*Martinet* Martinet, valeur d'vn denier,
Vous passerez tous, c'en est fait:
Et si en aurez coups de fouët
Pour mieux meriter Paradis.
Et puis vous docteurs de iadis,
Sus, venez qu'on vous meine paistre,
*Frere Io-*
*achim Pe-*
*rion.* Monsieur Perion nostre maistre,
*Nostre*
*maistre*
*Maillard* Monsieur le grand docteur Raillard,
Autrement le bougre Maillard:
Monsieur le singe PASSAVANT

Asne derriere, asne deuant,
Autrement Antoine du Val,
Grand asne faisant du cheual.
Il faut bien dire, (o piteux cas!
Qu'il y a faute d'aduocas
Pour telle cause maintenir,
Quand il faut pour la soustenir,
Que des Asnes la Kyrielle
Portent le fais de la querelle.
O preux & vaillans Achilles,
Hola, ho François Hercules,
Voyez vous ces Monstres d'abus,
Ces gros VENTRVS, ces choux cabus?
Il n'est plus temps de se iouër:
Mais le temps est qu'il faut rouer
La masse pour les ruer bas.
Ores faut iouer de rabats,
Car c'est par trop trop badiner.



Apres ta mort, o Gardiner,
Tes laquais & tes estafiers
Furent Papistiquement fiers,
Quand feirent bruire l'Angleterre.
Mais plus n'ya en ceste terre
De transsubstantiation,
Vrayment l'insiciation

De

De la table de Verite
Te bailla toute authorite,
Et bouche en cour, iufques a dire,
Bouche que veux tu? D'en mefdire
Ne permettoit Iehan de Niuelle.



Maintenant la Roine nouuelle
Fait marcher droict toute efcreuice.

## SATYRE IIII.

### DES SOVILLARS ET VTEN-
### files de la Cuifine.



LECTEVR efcoute
vn autre vice.
Ces Conuents du
monde retraits,
Sont de ce manoir
les retraits,
Et cuuier a buer les linges
De ces fingeffes & ces finges
Abominablement puans.
Regarde de puis trois cens ans
Quelles vieilles fempiterneufes,
En leurs cloaques veneneufes,
Font buée a ces Venerables.

Regarde (choses miserables!
De messieurs les Pharisiens,
Qui ne sont tous Parisiens,
La forte & ferme hypocrisie:
D'Achab l'auare frenesie
A vsurper la propre vigne
De Naboth, qui luy est voisine.
Regarde ce chapeau doré
Qui veut de tous estre adoré,
L'orgueil d'Aman,  & la luxure,
Soit en Euesché ou en Cure,
Vuident, & de façon lasciue
Espanchent en bas la lesciue.
L'yurongnerie de ces prestres,
Et gourmandise de ces traistres,
Auecques leurs vomissemens,
Fournissent a tous lauemens.
Rages & fureurs trescruelles,
Auec tyrannie, sont celles
Qui les fardeaux tordent & batent.
Ruse & finesse s'entrebatent
A qui mieux tendra les drapeaux,
Qui seruent d'amuser les veaux.
Et puis pour fournir la partie
Voyci venir Chicquanerie

*Lescine Papale. Orgueil & Luxure bnãlieres principales.*

*Yurõgnerie & gourmãdise baillent les eaux.*

*Rage & Tyrannie tordent & baïet.*

*Ruse & finesse estendêt & dustendêt.*

*Chicquanerie plic.*

Qui ploye toute la lefciue.
Ores, Lecteur, que ie n'eftriue:
Si tu n'es plein de morfondure,
Sens-tu point la puante ordure
*Gras-bu-ez.* De ces retraits, & gras-bucz?
*Graduez.* Ie penfois dire graduez,
Plus a propos, quand ie m'auife.
Il eft temps qu'auec toy deuife
De ce qu'ores me femble bon,
Des vtils, du bois, du charbon
De cefte belle hoftellerie.
Le chariot Hoquelerie
*Chariot* Eft tiré au trauers des champs
*de la* Par miliers de mullets frafchans
*cuifine.* L'eftroit chemin de Verite.
Des mullets la pofterite,
Baudets, afnes, & afnetons
Sont portefaix & charetons,
*Chare-* Baiffans mollement les aureilles.
*tons.* Ie vien aux chofes nompareilles
Qui font roft fumer, trotter pots:
Note bien, lecteur, mes propos.
Il y a vn obfcur bofcage,
Creux bourbier, profond marefcage,
Voudrois-tu fon propre nom lire?

Bonnement ne le peux eſcrire,
Mais aſſez ie le te charbonne.
Tu m'entens deſia, C'eſt Sorbonne,

*Foreſt de la cuiſine* C'eſt le taillis, où ce bois coupent
Badaux François, afin qu'ils ſouppẽt:
Et puis pour trinquer a gogots,

*Charbõ.* Font charbons de menus Ergots,
Taillis, bois , & charbon enſemble.
Et qu'eſt-ce cela? que t'en ſemble?
C'eſt erreur (dis-tu) & menſonges.
A ce que ie voy, tu ne ſonges,
Ou prognoſtiques des cometes.
O dangereuſes allumetes
Aux Chreſtiens çà là eſpanchez!
Ie voy çà là des desbauchez,

*Souflenrs* Soufle-bourdes, & Soufle-eſtrilles
Soufle-chandelles, Soufle-grilles,
Soufle-calice a la gorriere,
Soufle deuant, ſoufle derriere,
Souflets d'orgues & inſtrumens,
Tous ces ſoufles, & ſouflemens
Exhalent le muſc de latrines.
Ce ſont vents de fauſſes doctrines,
Qui petillent deſſous les buſches
Des fallaces, ruſes, embuſches,

Conſiſcations

Confiscations aux preud’homs,
Puis ces preud’homs crient, Gardős,
(Tefmoins & iuges corrompus)
Que nos deffeints ne foyét rompus,
Et que le butin nous efchappe.
Chacun de nous le fien attrappe.
Pour toutes refolutions
Bruflons, bruflons par millions.
Gros, enflez de l’efprit du monde!
O vaiffeaux du Demon immonde
Ou font vos raifons, & vos fens,
Quand tenaillez les innocens?
    Mais il me prend deuotion
De faire yci defcriptiő
De quels vtils, Caramarats



Vfent leans. Les chats, les ras
Dents & babines y aguifent.
Toutes les eaux qu’és puits fe puifét
Ne les pourroyent rendre lauez.



Car quant aux inftruments grauez,
Aux vafes pour manger & cuire,
Quoy qu’en dehors femblent reluire
Si tienent-ils de l’origine
De cefte puante Cuifine,
Sentans fes fards & fes ordures.

Quãt aux drapeaux, tapis, brodures,
Ils refemblent rofes flaitries.
Le monde plein d'idolatries
Y a efpanché fes fageffes.
Tout premierement les largeffes
Des benoiftiers & guipillons
Entre les mains de ces Villons
Sont efpanchees aux mouftiers
Auec leurs pilons vrais mortiers,
Qui toufiours me fentent les aulx.
Fy les vilains, fy les maraux,
Enchanteurs, & demoniacles.
Non, non, vos charmes, vos triacles
M'auifent que l'on les blafonne,
De ce mot, qui par tout refonne:
Qu'a tels pots font telles cuilliers.
D'autres engins trois bons milliers
Ie puis conter tout d'vne tire.
Les grãd's croix, c'eft de quoy l'õ tire
Pour accrocher poures grenouilles.
Petites croix eftoyent quenouilles
Des Fees, maintenant leans
Seruent de broches aux geans.
Les fons gras, pleins d'eaux repofees
Ce font chaudieres compofees

Du tēps qu'on n'y prenoit pas garde.
Puis tu verras (dont Dieu nous garde)
Des sepulchres les beaux lardiers.
Et puis vois-tu ces gros pilliers?
Sont les chenets de la cuisine.
Lampes & cierges pour la mine,
A belles cordes suspendues,
Sont les cremailleres pendues.
Et bon gré, maugré bonnets ronds,
Grosses cloches sont chauderons,
Dessus dessous mis a l'enuers,
Qui bouillent tousiours descouuers.
Les lauabos, & les cortines,
Laue-torche mains, plats, platines,
Les mirelorets, menus plis
De ces menu-froncéz surplis,
Lourds deuātiers. Nappes sōt nappes
Pour ceux qui sont vestus de chappes.
Et Messels, tailloirs. Candelabres,
Chandeliers. Les autels & marbres
Sont tables. Chair, pain, & gasteaux
Là se taillent de deux cousteaux,
De deux cousteaux en vne gueine.
Iadis quand en la mal-estreine
Proserpine son nom changea
d.iii.

En Papauté, & se chargea
De trois couronnes haut-cornues,
*Cestadire du prince de l'air.* Aux chalans descendus des nues
Ces cousteaux bailla trescruelle:
L'vn est la tranchante alemelle
De miserable oppression:
L'autre de persecution,
Et le glaiue trop chaud tranchant:
La gueine c'est du bon marchand
*Vieux regiftres.* De peau d'anguille l'escritoire,
Ou bien l'iniuste quaquetoire
De Bacchus, & de meint Satyre,
Qui tout le monde a soy attire.
Corporaux y sont a monceaux
Pour y essuyer les museaux.
Bref, tels fatras sont tant espes,
Que L'Olla, patella, tripes
Nen scauroyẽt d'vn iour tant nõbrer.
I'en ay dict, pour m'en desgombrer
Iusqu'aux ferremens a rosties.
Boites auec les Sacristies
Sont les assortis rasteliers
De ces Iehan-pillots hosteliers,
*Vitellii patina luxu notabilis.* Qui cuident leur cuisine belle
De la Vitelline vaisselle,

                              Esquelles

Esquelles les infections
Des Romaines affections
Par pourceaux graffoyans de ioye
Sont portees deffous la foye.
Tefmoins les gros gras grognements.
Ie voy,ie voy les ornements,
Ornements efcleriaftiques,
Ciels,lits,& toiles fantaftiques,
Que filent poures aragnees.
O femmes,o filles mal nees!
Par le moyen de vos ouurages
*Simples peuples.* Petites mouches fans courages
En ces filets tienent arrefts.
*Aux vertueux & doctes.* Rompez Tauans,rompez ces rets,
Et fuyez ces vileins rideaux,
Qui couurent dix mille bordeaux,
Ou chacun Miffotier repofe.
Memento.Paix-là, il compofe
Charmes,pour le monde endormir.
Il dort.il fe prend a gemir.
Touffez o femmes enrumees.

# SATYRE V.
## Banquet papal.

Q V'eſt-ce là? Portes
ſont fermees.
Tabours, cymba-
les de ſonner.
Monſieur le Pape
veut diſner

*Cymbale & tabour ſont les cloches.*

Auec les amis de ſon ventre.
L'vn deçà, l'autre delà entre.
Et ſoudain bancs & eſcabelles
Sont publiez. Payez gabelles.
Deſia ſont ſur les autels beaux,
Et belles tables, les flambeaux
De cire vierge. O mancipez,
A la mort, vous anticipez
En beau plein iour, nuit tant obſcure!
Quel eſt tout voſtre ſoin & cure
En ce tenebreux territoire?
La parole de Dieu notoire
Ne vous eſclaire. Deſuoyez
Fendez ceſt obſcur, & voyez
Ce Soleil. Or ſus. Lauabo.
De l'eau, de l'eau, maiſtre Dabo.

*Autels, tables, cierges & chandelles en plein midi, enſeignes du Royaume de tenebres.*

*Lauabo, ou Lauemains de maiſtre.*

Non Monsieur, vous irez deuant.
Mais vous, Monsieur le plus scauant:
Voire mais si c'estoit a prendre,
Maudit qui se feroit attendre.
Et puis Messieurs ces deslauez
Nous preschent que sommes lauez
Par sale & salé lauement.
Ibis [a] a donné le comment
De salubre purgation,
Aux prestres de la nation
De l'Egypte, en ceci suyuis
Par ces Caphars a mon auis.
Mais ils n'ont suyui leur conseil
A ne manger iamais [b] de sel,
Pour mieux chastete conseruer.
C'est grand plaisir d'ainsi resuer
A ces dieux [c] marins, & fecons.
Voyla pourquoy sont si facons
Quand ils chantent le MVNDABOR,
S'ils crient le DEALBABOR,
Il me semble veoir [d] sel espandre
Sur brebis, afin de les rendre
Plus salaces & prolifiques.
Passons iusqu'aux autres traffiques.
Ie me fasche des pauemens

[a] Purgationem, qua Ibis vtitur salsuginem adhibens, aduerterunt AEgyptii, apud quos sacerdotes nulla aqua lustrantur prius, quàm inde hauserit Ibis Plutar. de indu. animali.

[b] A salis vsu abstinebant AEgyptiorum sacerdotes, adeo vt non salso pane velcerentur, idque vt castitaté inoffésā facilius seruarēt, quū sal libidinē excitare dicatur. Plutar. in Symposio.

[c] Dii marini fœcūdi numerosā prolē habent, apud Poetas.

[d] Pastores ouibus salem obiiciebant, vt salaciores redderetur. Plutar. de cauf. natural. probl. ij.

*Le paue-*
*ment des*
*temples,*
*c'est a di-*
*re, de ceste*
*cuisine, est*
*relent.*
De ces eaux, & arrousemens
Moites, relents, dont ces tondus
Communement sont morfondus,
*Belle ap-*
*probation*
*de la sain*
*ctete Ca-*
*phardine.*
Baueux, morueux, poussis, tousseux,
Aussi semblablement tous ceux
Qui sont amoureux de leurs toux.
A table, a table. chantez tous
*La benedi*
*ction des*
*Papistes,*
*aussi bien*
*dicte qu'i*
*tendue.*
Benedicite, Dominus.
Tantost nous irons dormir nuds
Au lict de fornication.
C'est la sanctification
Des plats, des seruices, & mets
Que vous dressez, o vrais gourmets,
Et vrays gourmans a gorge forte!
*Le Pain*
*& le vin.*
O bon Dieu! qu'est-ce que i'apporte?
Pain blãc, paï mollet, pain bourgois.
Vin blanc, claret, Latin, Gregois.
Et puis de tel pain telle souppe:
De tel vin aussi telle couppe.
*Regles de*
*chancelle*
*rie, volon*
*tez du Pa*
*pe.*
Voyci arriuer l'asnerie,
Des regles de chancellerie,
Et toutes volontez mentales,
*Decrets.*
*Decreta*
*les.*
*Sextes.*
*Clementi*
*nes.*
Decrets, aussi les Decretales,
Les Clementines sanctions,
Et telles predications;

Tout

Tout pain paistri au fõds des songes
De ce songeart, pain de mensonges,
Vin punais, vin de faussete,
Quoy que soit hyuer & este
Doux a la bouche,& langue d'hõme,



Pasquillus est tousiours a Rome,
Qui presche sous nom de folie.
Le peuple volontiers follie
Murmurant de ce pain pessime,
De ce vin aussi nequissime,
Pain & vin de peruersite.
De là vient toute aduersite
Selon des bons le tesmoignage.
Bien scait iouer son personnage



Ce Sac-a pain,ce Broc-a vin.
Et qui sera le Poicteuin,
Ou Poëte a vin qui le son
Par vne celeste leçon,
Du pur froment separera?
Et qui aussi temperera
Ce vin d'eau?O prudent Staphile!
Ce sera la truye qui file,
Si ie suis sur ce fait deuin.
　Le premier seruice diuin
Cloches & matines commencent.

Prouer. cap.23. Ne desideres du cibis ei' in quo panis est mēdacii. Prou.20 Suauis est homini panis mēdacii & postea implebitur os eius calculo. Eccle.31 Ia nequissimo pane imurmurabit ciuitas, & testimonium nequicia illius verum est.

Staphilus Sileni filius primus aquam vino miscuit. Plin. lib.7. cap 56.

Et Primes en touſſant ſ'auancent
De preparer la ſouppe graſſe.
Tantoſt par vne meſme trace
L'INTROIBO marche, inuenté
De Celeſtin pour verite,
Le tout aux deſgouſtez ſalades
Pource que ceux qui ſont malades,
Ou le cuident eſtre, ſont dignes
D'vne, deux, trois, neuf ſaladines,
Et pour les vertes cymagrees
Receuoir telles vinaigrees.
Abricots, prunes de Damas
Sont les ſubtils, & longs amas
Des mots incognus aux ſimplets.
Reuerences, genoux ſoupplets,
Inclinabo, mains iointes, bras
Eſtendus, croiſez de rebras,
Tourner deçà, courir delà,
Regarder bas, haut, çà & là,
Gronder, ſouſpirer, ſe frapper,
Dormir, ſiffler, en fin gripper,
Boire a deux mains, baiſer la pierre,
Faire l'enſeigne de la guerre,
Voyla leurs brouëts, & leurs ſauſſes
Dõt ils ſcauẽt fourrer leurs chauſſes.

Foyes

Foyes de veaux, poullets au grun,
(Quant eft de moy, ce m'eft tout vn,
Di-les fi tu veux carbonades,
Ou mieux autrement Sorbonades)
Sont les piteux & longs attraicts
Qu'on voit attirer a longs traicts
Le preud'hom meffire Gringoire
A l'aueu du Pape Gregoire.
ALLELVIAS,    ELEIZONS,
Sont aloyaux de venaifons,
Entre deux plats chauds enchaffez,
Comme a cors & cris pourchaffez,
Pour feruir a Sardanapale.
Ede, bibe, la mort eft pafle,
Ce difent ces freres Gribouilles.
AGIOS,   HIMAS, fôt andouilles,
Sauffiffes, ceruelats, boudins,
Haftereaux & falmigondins.
Freffures, hachis, faupiquets,
Sont Exorcifmes, bourriquets,
Adiurations, fortileges
A ceux qui fuyuent leurs colleges.
Puis vne botte de grans Meffes,
Me reprefentent pets, & veffes,
Pois & geffes (di-ie) & me femblent

Qu'a lentille & lupins reſſemblent
Cuicts a la fumee & gaſtez.
Chants fricaſſez ſont fort haſtez,
Et toutes autres choſes-faites,
Sont febues frites pour les feſtes.
Ly-nous Oger, & Montauban,
Et des ſaincts tout l'arriereban,
Au moins ce que tu n'entens pas.
Car il nous faut a ce repas
Vn mot d'epiſtre ou d'euangile.
Ce fait chacun eſt plus agile
Quand les reciprocations
Des orgues & bacchations
Par leurs douces fleutes ſe meuuent,
Tels aiguillons le cœur eſmeuuent,
Teſmoin le treſdiſcret Marfoire.
Ou bien ſi tu veux Teleſphoire,
Auecques ſon grand GLORIA,
Car la veſſelle gloire y a,
Au moins là où reluit la croix.
De là vient le gouſt de la noix
Pour l'approche de l'offertoire.
Cela ſert d'eſtuuee noire,
De brouet doré, de naueaux,
De poyurade, de choux nouueaux,

Ciuets

Qui de-<br>baccha-<br>bantur,<br>·vreban-<br>tur cu-<br>bis in<br>Diony<br>ſiis.

Ciuets, pourrets,& hofchepets.
A table, o fuppofts non fufpects,
Humez fouppes ,taftez bouillis:
Defpenfes feruans de coulis
Aux enfans, qui de temps, & d'aage,
Ont difpenfes pour mariage,
Et pour baftars legitimer.
Defpenfes de beurre efcumer,
De manger des œufs, du fourmage.
Defpenfes de faire charnage,
Au moins aux chats, & aux malades.
Defpenfes de grands accolades
A deux, trois, quatre Venefices.
Defpenfes a tous malefices.
Comme quoy? de femme tafter:
Defpenfes,brief pour tout gafter,
Defpenfes d'abfolutions,
De graces & d'exemptions,
Defpenfes ie di non difpenfes.
Ma raifon eft,que fi tu penfes
Combien vaut ainfi difpenfer,
Tu diras que c'eft defpenfer
Argent de badaudes façons.
Quoy que foit,ce font les leçons
De ces corbinantes mefgnies:

Eaux propres a leurs compagnies:
Eaux qui ne seruent qu'a ternir
De verite le souuenir:
Eaux de Salmax effeminantes,
Troubles, quoy qu'elles soyēt courā-
Eaux, qui pour toutes actiōs    (tes.
Apportent maledictions
A toutes poures brebis haires.
Etpuis voyci ces Bréuiaires,
Et vieux bouquins de haute graiſſe,
A foiſon, tant qu'ils ſe font preſſe
Pour repaiſtre ces chats pelez.
Patenoſtres, & chapelets,
Sont ſaffran, canelle, & eſpices,
Miraculeuſement propices
A donner au potage gouſt.
Eſt-ce tout? Non. Voyci l'eſgouſt
De tant de feries & feſtes.
Les PRAESTA-QVAESVMVS des beſtes,
Les tridaines, & les chanſons,
Tant D'OREMVS, & d'oraiſons,
Tant de Kyrielles, complainctes,
Suffrages aux ſaincts & aux fainctes,
Tant d'œuures, & tant d'actions,
Par ſupererogations,

Dont

Dont Messire Iehan fait estappe,
Sont brouets passez par la rappe,
Brouets georgets fort bien rangez,
Galimafrees, blanc-mangez,
Haricots prés de la cuisson
Des oyes a la trahison,
Des fades neffles du fat monde.
    Place toutes gens a la ronde,
Ie vous apporte. Quoy?Les rosts.
Rasez,cassez sous les garrots
Cognoissent par demonstratiues
Que les longues expectatiues,
Et belles coadiutories
Sont moelles de ieunes thories,
Ramiers,pigeons,leuraux,lapins.
Mais que disent happe-lopins
En cuisine?Que le banquet
Excellent, illustre, frisquet,
Est estimé, quand l'on se range
A son appetit, & qu'on mange
Aussi bien decà que delà.
Puis encor apres tout cela
A la desserte l'on apporte
Encore mieux en toute sorte.
Mais quãd on n'ha pour tout potage

Pluralite<br>de benefi-<br>ces.

Que d'vne viande, on enrage.
Quoy que foit il en faut chercher,
Encores qu'on vende bien cher
Sans raifons & fans iugemens,
Des refernes les inftrumens.
Mais le faict des retentions
De tous fruits pour les penfions
Paffent ligour ioyeufement.
Vaccans en cour courtoifement
Sont a ces courtifans frippons
Poulles, poulfins, & gras chappons,
Et toutes beftes domeftiques.
Mais les fauuages, & ruftiques,
Plógeós, perdrix, perdreaux, phaifãs,
Sont aux reuerends bien-faifans,
Recommandations, commandes,
Supplications, & demandes.
Nominations & hazars
De fes crottez maiftres és arts
Tienent lieu de hautes ferines
Appriuoifees aux farines
Des poures Benedicitez.
Eftats, offices, dignitez
Par la fcience des quoquaffes,
Sõt canars, butors, & becaffes,

Et

Et menuiſe de tout ſentier,
C'eſt le bœuf ᵃroſti tout entier
Pour triumphe a l'Imperiale,
Ou bien a la ᵇSeruiliale,
Façon de ſoupper ᶜpopulaire.
Les ſueurs d'vn gris ſcapulaire
Sõt-ce pas ſauſſes rouſſe lines?
*Concubi-*
*nes.*  Les ᵈambubaies, les godines
Sous les vœus de ces bons chalans
Du celibat tant bien parlans,
*Baſterds*
*& auor-*
*tons eſtõ*  Yſont plats de popons, concombres,
*fix.*  D'oliues, & citrons ſans nombres.
Leur menu deuis, ſauſſe douce,
C'eſt ſauſſe, que qui ne les pouſſe,
Iamais ne vont, treſcordiale,
Froide, baſtarde, geniale,
*Chica-*
*noux;*  Chacun le voit. & c'eſt vn beau
Seruice, que longe de veau:
Hoceſt vn porteur d'eſcritoire.
Referendes du conſiſtoire,
Cauteles, harpinations,
Brouillemens, inuolutions,
Proces d'officialite
Sont torteaux de grand qualite
Debroc'en boucque a mãger chaux.

e.ii.

---

a
In coo-
ptatione
Impera-
toris bos
integer
toſtus da
batur po
pulo ad.
lætitiam
& triũ-
phum.

b
Seruili-
us Ro-
manorũ
primus
aprũ in-
tegrum
mẽſæ ap
poſuiſſe
fertur.

c
Cœna
popula-
ris ſum-
ptuoſa,
opipara,
quæ ex-
hibetur
populo
ad ma-
gnificẽ-
tiam.

c
Ambuba
iæ, Syri-
is ſũt mu
lieres ti-
bicinæ.

— Et puis Baudets, vos artichaux
Les dieux-vous-gards des courtiſãs,
Pourete, froid, faim d'artiſans
Sont lardons des roſts glorie ux.
Pans & coqs d'Inde harieux,
Cigoignes, herons, heronneaux,
Gras oiſons, tendres oiſonneaux,
Sont Eueſchez, Archeueſchez,
Grans paſtez de chair de pechez.
Et pour bien entendre le charme,

*Antienes ou Anti- phones.* Antienes ſont les vers de Charme
Syracuſan, qui a tous mets
Se prechantent. Ie te promets,
Ami lecteur, que les harangues
De ces Cagots ſont belles langues,
Langues (ie di) de rats ſalees.
Leurs raiſons tant bien embalees,
Sont pieds de porc a l'endormie
Qui ſe compoſe de mommie,
Et la dit-on ſauſſe d'enfer
Pour tous les plus froids eſchauffer.
Et Dieu ſcait comme on y aualle.
Mais le ſecret de la cabale,
C'eſt d'accointer la grand' Simonne.
Et quel roſt prouient de l'aumone

De

Char-
mus Sy-
racuſius
vt ſcribit
Athenæ-
us, in ſin
gula
quæ ap-
poneren
tur, ver-
ſiculos,
ac parœ-
mias pri
mus con
cinnauit

Des teſtamens? dons & annates?
Et pourueu que Simóne flattes
Quoy que ſoit, tu auras de quoy.
Grand chere Balatrons. Pourquoy?
Pour ce que tant vaut le pillage.
Grondez-vous maſtins de village?
Impoſts, collectes & gabelles
Sont mis ſur vous comme rebelles
Pour tenir lieu de plats volages.
Et puis c'eſt fait, vos effonages,
Citadins, ſont belles oranges
Pour manger (o choſes eſtranges!)
Vos corps tout morts a vn beſoin.
Celuy qui premier eut le ſoin
D'en manger, penſez quel plaiſir
Il eut. C'eſt-là tout le deſir
De ces charopiers, ſi vn coup
En ont taſté.   Paſſons a coup
Ailleurs, pour rire, & gorge rendre.
Et où? au Traiſné par la cendre,
Choſe bien digne de ſcauoir .
Mais bouche & nez clos faut auoir,
A ce que ceſte punaiſie
Ne nous monte en la fantaiſie
Par les trippes de nos cerueaux.

e.iii.

Balatro-<br>nes gulo<br>ſi & pēr-<br>diti vo-<br>cantur.

Effonages<br>tributs<br>ſur les ha<br>bitans<br>des vil-<br>les.

Iuuen. 2.<br>Qui pri-<br>mus mor<br>dere ca-<br>dauer<br>Suſti-<br>nuit,<br>nihil va<br>quã hac<br>carne li-<br>bentius<br>edit.<br>Nã ſcele<br>re in tan<br>to, & c.

Lecteur, ſont des brides a veaux,
Aliâs, aux aſnes chardons.
Quoy? Indulgences, & pardons:
Chardons, pardons prodigieux,
Monſtres & mets contagieux
Tournez a ceſte gourmandiſe:
Ceux qui tienent de conardiſe,
En paſſeront en purgatoire,
Par le feu qu'ils diſēt trotoire,
Ainſi que celuy de ᵃSicile,
A ce feu c'eſt choſe facile
De roſtir les ames de ceux
Qui ſont & ſeront pareſſeux
D'en mãger, voire des racines
Cuictes de ce feu és faſcines
Et bois de ſatiſfaction,
Pour par recidiue action
A la grand'mode ᵇelephantine
ᶜCothoniſer iuſqu'a l'angine.
Mais ſi les bons peinctres ſont creus,
Pluſieurs qui en ce feu ſout veus,
Portent barbes. Delà ie di
Que ce feu-la eſt refroidi,
Et plus ne peut viandes cuire.
Mais cependant ſi faut-il dire
Que

ᵃ Ignis in Sicilia, teſte Guil. Pariſienſi, agit in animas, nã corpora non lædens, animas propinquantium intolerabiliter cruciat.

ᵇ .i. Quantum elephantus ebiberet.

ᶜ Cothoniſare, eſt largius bibere.

Que les os des faincts trefpaffez,
Sont reliquats froiffez, quaffez,
Dõt la moelle eft bõne au mefnage.
O miferable badinage?
Tefmoïs les inftrumẽs fainct Claude.
Cuilliers, fiflets, fimpleffe, fraude,
Sont les inftrumiens de la chaffe.
Belzebub, voyla feure chaffe
A prendre moufches au paffage.
Ha monde, quand feras tu fage!
Quant eft de moy, certes ie tremble
De voir ces trois chofes enfemble,
Chreftiens bouillis, rouftis, treinez
Iufques aux cendres. N'eftre naiz
Mieux vous vaudroit, Anthropopha
Pis il y a, o Theophages, (ges.
Que pour voftre dernier renfort
Vous mangez dieu cõme vn refort.
Place, voyci le mauuais riche,
Prodigue a foy, aux poures chiche,
Iufqu'a efpargner les miettes.
Touteffois fi ami vous eftes
Mõfieur l'efcuyer, bien & beau
Vous en tafterez vn morceau.
O gracieux allechement!

*Anthro-pophages, c.Perfe-cuteurs, & meur-triers des fideles.*

*Theopha-ges,c'eft a dire, Mã gedieux.*

*Le preftre mange tout.*

*Diacres & fou-diacres font efcuy ers tran chãs, qui ont part au gaf-teau.*

*Beelze-bub, ido lũ, qua-fi domi nuin mu fcarum dicas.*

*Hic Euã gelicus ille di-ues epu latur fplendi-dè, mox defcon-furus ad inferos.*

O le plaifant efbatement,
De veoir ainfi ce grand Gallifre
Danfer aux orgues & au pifre,
Et puis en fin ietter fa patte
Deffus ce poure dieu de pafte:
Faire dix mille tours d'efcrime:
Parler a luy en profe, en rithme,
Iufqu'a tant que l'heure le preffe
De le crocquer,&de viftefle
S'en donner au trauers des dents,
Hors mis ce qui tombe dedans
Le calice a la fouppe au vin.
Voyla pas vn banquet diuin
Pour les viuans & trefpaffez?
Voyla pas pour fouler affez
Auecques trefprecieux mets,
Tous ceux qui n'en taftent iamais?
O dieu trefdigne qu'on le mange,
Qui de fon mangeard ne fe vange!
O le mal-heureux, qui t'oublie
Iehan blanc, trefprecieufe oublie,
Paiftrie de fine farine!

Sottes mi-<br>nes de<br>ceux &<br>celles qui<br>regardēt<br>se passe-<br>temps.

Regarde o mordant, ta Corine
De mea culpa tormentee,
Cela te fert de fromentee,

D'auenatz

D'auenat, de millet, de ris.

*En dieux pourris et ver-moulus.*

Mais garde les morceaux pourris,
Qu'on peut appeler par honneur
Proprement le droit du veneur,
Ou bien le droit du Cuifinier.
Mais a qui fe doit on fier?
Quoyq̃ ces morceaux rien ne vaillét,
Ces cuifiniers a nul n'en baillent.
Vray eft, qu'aux Pafques humblemɛ̃t
Ils font affez petitement
Deuoir de donner l'appetit
De deuorer le dieu petit,
Mais il faut que ce foit fans boire.
I'en efcriray mon auis. voire.
En lieu d'vne telle ᵃfportule,
Vne veruecine fpatule,
Ie le peux dire, en foupper droit,
En toutes fortes mieux vaudroit,
Encor'en plat ᵇDemocratique.
Mais quoy? Par couuerte practique
De feul pain le peuple nourriffent,
Ou tuent pluftoft & meurtriffent,
Et ce notamment le Dimanche.
Bras feculier, ou pluftoft manche,
Ie mefbahi a quoy il tient

Que tu ne scais, qu'il appartient
Ainsi traitter les chiens, & chienes.
Le but des opinions mienes,
C'est qu'il faudroit paistre de raues
Ces graues Rabis ainsi braues
Qui sur leurs traiteaux Satrapiques
En suyuãt tousiours leurs prattiques
Boyuent du meilleur a foison.
Cependant gare la poison.
Voyla le doux-amer venin
Qui fait viure maistre gonin,
Et tous ses suppofts en fa terre.
Lecteur, si tu te veux enquerre
De la defferte, & des frutailles
Qu'apportent dix mille marmailles
Aux Sybarites, pleins cophins
De figues, pruneaux, les plus fins
Entendront que c'est le deffert,
Que Sergius nous dit, qu'il fert,
Quãd son grand AGNVS il defchãte.
Tant que pour dragee alleschante
Ala fin la crapule eschappe.
Quand Messire Iehan porte chappe
La vesse a faite, & Messe dite.
Ie ne veux vser de redite,

Plusieurs empoison nez dans le pain & le vin de la Messe, cõme les histoires le tesmoi-gnent La Papau-te vit de Vesses, autremẽt de Messe.

Sergius pape ad-ioustal'A gnus deia la Messe, apres qu'on s'est plenemẽc mocqué du sacri-fice vni-que de Iesus Chriß.

Meſſe, veſſe, ſi tu as ſens,
C'eſt tout vn, ils ont meſme ſens.
I'ay tant trauaillé que i'en ſue,
En deux mots acheuons l'iſſue.
Sexte, Nonnes, Veſpres, Complies,
Sont belles corbeilles remplies
D'aſnet, & d'aſnis pour la couche.
Incidentalement ie touche
Vn poinct, qu'a chacun mets & plat
Moreſques debout, & de plat
Y fait la folaſtre meſgnie.
Dieu gard de mal la compagnie.
Voyci les nuicts de Noel, nau.
Saint Iehan ſ'endort au treffonau,
La feſte au fols ha touſiours lieu,
Teſmoin la belle feſte dieu,
Dieu entre deux fers chaux formé,
Et puis par vn ſouffle charmé,
Auſſi toſt ſoufflé comme vn verre.
Voyla comme dieu vient ſur terre
Pour eſtre auallé ruſtrement,
Ou ſerré bien eſtroictement
Dans l'armoire a Meſſire Iehan,
Voire pour n'en bouger de l'an
Iuſques a la ſaiſon des roſes.

Adonc armoires font defclofes,
Et le prifonnier ha loifir
De prendre vn matin fon plaifir.
Mais le poure dieu eftourdi
Et de fa prifon engourdi,
Ne va a pied ni a cheual.
Ains de peur qu'il fe face mal,
Vn bel ASNE a deux pieds choifi,
Porte monfieur le dieu moifi.
O la belle proceffion!
O trefriche deuotion
Des aueugles en beau plein iour.
Alors que chacun a fon tour
Portant fa torche, monftre bien
Qu'en plein midi il ne voit rien.
Mais quoy? c'eft raifon que ce dieu,
Qui a efte forgé au feu
Ne foit fans feu. Et de là vient
Que par feu auffi fe maintient.
O qu'il eft doux & gracieux!
Il n'eft point de ces harnieux,



Qui ne font que picquer & poindre,
Et voudroyét volontiers cótraindre
A croire que Dieu damnera
Quiconque ne f'amendera.

         II

Il endure tout ce bon dieu.
Il va, il demeure en vn lieu,
Quand on veut il monte & deuale,
On s'en ioue tant qu'on l'auale.
Bref, ce n'est rien que patience
De son faict. O belle science
Pour estre sauué a son aise
Mangeant son dieu, ne luy desplaise!
Mais en fin, docteur tres-subtil,
Ce doux dieu que deuiendra-il?
Il faut bien qu'il demeure au ventre,
Ou sorte par ailleurs qu'il n'entre.
Paradis doncques en effect
Sera le ventre ou le retraict.

## SATYRE VI.

AVTRE BANQVET PAPAL DE
Penitence papale, & autres menus seruices.

E PASSERAY AV
fanfarisme,
Au banquet peni-
tentissime
Des mets que i'ay
veus separez,
Auecques beaux oignons parez.

Cas

Cas merueilleux!grand cas! qu’ainſi
Toute ioye tourne en ſouci
Pourueu que ſa ſoupe on varie.
*Careſme
entrant.* Cognois-tu l’homme qu’on charie
Auec trois fallots ſur la teſte,
A qui tout le monde fait feſte?
Monde hebeté,mõde abbruti,
Qui par le bouilli ou roſti
Penſes meriter plus que douze
Pour aller iuſqu’en paradouſe.
O ieuſne fort bien commencé
Quand on ſ’eſt ſi bien auancé
De creuer, que de ſix ſepmaines
Ne defaudront les panſes pleines!
O grimace bien reſoluë,
O trongne de bec de morue,
Monſieur le penitenciaire,
*Les papi-
ſtes oubli-
ent a Ca-
reſme-pre-
nant
qu’ils ſõt
hommes.* Maiſtre queux en l’art culinaire,
N’oubliez pas de dire en ſomme,
Souuiene-toy que tu es homme.
Car au iour d’hier,a la feſte
Sainct Panſart,chacun ſe feit beſte,
Et vous des premiers ce dit-on.
O bel & gracieux dicton!
Quand monſieur le veau ſe proſterne
Deuant l’adoubeur de lanterne

Qui luy creue les yeux de cendre,
Afin de rien veoir ni entendre.
Et puis, o grande penitence!
O bonne & blanche conscience!
Quand on craint iusques aux images,
Et faut leur cacher les visages
De peur que les aueugles mesme
Ne voyent les fols de Caresme.
Et voyla pourquoy a l'instant
Pour les faire rire d'autant,
Il faut desployer ces drapeaux,
Autrement ces brides a veaux.
Il n'est cherte que d'huile & cresme,
Durant le sainct temps de Caresme.
O quatre-temps! o Vendredis!
O Vigiles! O Samedis!
O qu'elle est maigre l'ordonnance
De la culinaire abondance,
Et des Papelastres seruices,
Ieusnes aux barbes d'escreuices.
Secourez-moy, le cœur me faut,
A bien sauter reculer faut.
Comme l'on dit communement.
Ainsi vn coustumier gourmant
Quand il veut boire a plene teste,

Ieufne la veille de la fefte,
En attendant le mardi-gras.
Les interdits, & les aggrafs
Sont des tortues precieufes
Aux gueules fuperftitieufes,
Pourueu qu'ils foyent fophiftiquez.
Que fi pour peu font pratticquez,
Mortel appreft! Mais par prudence
Anathemes courent en dance,
Et puis entrelacez ergots
De ces caphars, font efcargots.
Beurre frais, fourmages fondus
Sont LIBERAZ, les mots perdus
Des trefpaffez: De profundis
(Enten lecteur, mes profonds dits)
Sont condimens, & eftuuees.
Es REQVIENS font retrouuees
Les carpes de douce riuiere.
PLACEBOS de trifte matiere,
Eaux beniftes, QVI LAZARVMS
Auecques mille ELEIZONS
Et FIDELIVMS gringotez,
Les Bone Iefu defchantez,
Sont creffon, & houblon. Refponfe,
C'eft le refpon que l'on enfonce

Pourr

Pour les morts en temps importun.
O les anguilles de Melun,
Qui deuant que la mort les touche,
Ont si belle peur de la touche
Qu'ils n'en font que hurler & braire!
I'ay grand'pitie de voſtr'affaire
Qui criez ſans qu'on vous eſcorche,
Anguilles qu'on prend a la torche,
Bouillantes a la galantine,
Ou pluſtoſt a la ſerpentine.
C'eſt tout vn, preſens, ou abſens.
O perfums, nideurs, & encens!
O toutes fumigations,
Portez-vous les purgations
Des pechez deuant Dieu là bas?
Là bas encenſiers, & cabats
S'en vont, caphars. Voſtre Pluton
S'en repaiſt ioyeux, ce dit-on,
Ainſi que de vos ſales mines.
Ie ſen les ſauſſes Salamines
De la iuſtification.
Eſt-il vray que ſaluation
Depend de nos faits charitables?
O ſots, qui vous rendez comptables
A la rigueur! O mere ſotte

Qui s'arreſte ainſi a la quotte
De ſes fantaſtiques biens-faicts
Deuant Dieu, qui hors & infects
En toute rigueur les repute.
Le Seigneur par grace ſuppute
Tout au prouſit du receueur.
Trop eſt glorieux le reſueur,
Et tous les ſupererogans
Sont ingratement arrogans,
Auec leurs viandes mal cuites.
Mais les merites, ſont deſtruites
A ces veaux peres confeſſeurs.
A ce propos, ces grimaceurs,
Sous eſpoir d'amende & de multe,
Font en cuiſine grand tumulte,
Si quelqu'vn par cas d'auenture
Es maigres iours prend nourriture
D'vn petit morcelet de lard,
Toſt il faut faire a l'aureillard
Aureillarde confeſſion.
O que telle profeſſion
Amene d'eau aux grans moulins!
Puis ces harpaillons, & Colins
Qui viuent tous de penitence,
Font tenir bonne contenance

Aux

Aux dames des propos menus.
J'ay veu personnages chenus,
Qui contrefaisoyent bien la mine,
Et passoyent en grosse estamine
Leurs brouëts, brouëts purs & nets :
Brouëts purs & nets? Mais punais :
Plaisans neantmoins a la chair,
Qui ne veut personne fascher
Pour obtenir meilleures proyes.
Alouzes, Merlus, & Lamproyes,
Esturgeons, Saumons, & Tonines,
Chiens de mer, Anchois, & Sardines,
Harencs, Mouluës, Soles, Seiches,
Sont là de pris, font Messes seiches,
Messe a cheual, a l'estriuiere,
Messe qui court comme riuiere,
Messe petite, Messe grande,
Messe maigre, Messe friande,
Messe de poste, basse & roide,
Messe eschauffee, Messe froide,
Messe a notes, Messe a diacre
Messe de sainct Iehan, sainct Fiacre,
Messe du iour de la ferie,
Messes de fratres, de ferie,
Messe de la fondation,

Meſſe pour la deuotion,
Meſſe a Trentain, Gregoriéne,
Meſſe que chacun dit la ſiene,
Meſſe vuide, Meſſe a l'argent,
Meſſe a baſton comme vn ſergent,
Meſſe de chaſſeur, de gendarmes,
Meſſe d'auenturier, d'alarmes,
Meſſe de pechez, de remords,
Meſſe de requiem, des morts,
Et toutes enſemble ſalees.
Grand cas! Si les as aualees,
Guari ſera des eſcrouëlles,
Des morſures des chiens cruelles.
Viandes contre Epilepſie,
Contre Caq'-ſangue, Apoplexie:
Viandes, en briefue parole,
A guarir gouttes & verole,
Brief, contre toute maladie,
Et pluſieurs autres. quoy qu'on die,
Pour touſiours ſante retrouuer.
Ie di plus, pour argent trouuer,
Et gaigner en cour ſes proces :
Pour auoir par tout ſeur acces,
Et proſperer en beaux deſirs:
Pour auoir par tout ſes plaiſirs,

Et

Et tout le iour eſtre ioyeux:
Pour iamais ne deuenir vieux,
Et viure ſans cuider mourir:
Pour les bons treſpaſſez guarir,
Et ſans grande melancholie
De hors de la roſtiſſerie
Les tirer par guindal aux cieux.
Mais Meſſire Iehan chaſſieux
Iure qu'auant que les laſcher,
S'en ſeruira pour en maſcher,
Et les tirer a belles dents.
Nos maiſtres ne ſont diſcordans
Sur ce que ſans omiſſion,
De tous pechez remiſſion,
En maſchant Meſſes, ils reſentent,
Et en les maſchant tous conſentent,
Qu'elles nettoyent nos forfaicts,
Tant, & ſi auant par effets,
(Comme courent propos hardis)
Que nous irons en Paradis
Veſtus, chauſſez, en chair en os.
Le TEROGAMVS AVDINOS
Entend (ce que ie fay auſſi)
Que le monde mourroit tranſi
Sans Meſſe. A Dieu la bonne chere.

O que tu la nous vends trop chere  
Maiftre Bafteleur! Ouure, mange,  
Mon vallet(dis-tu)c'eft orange.  
I'empoigne,ie ferre,ie leiche.  
Fy,c'eft fiente de porc feiche,  
Ton orange,ta meffe,Maiftre.  
Deformais,ô peuple repaiftre  
Veux tu de couuertes ordures?  
Tu ne vois dehors que brodures,  
Or,argent,mais dedans pinfer,  
C'eft de quoy pour tes dents rincer,  
Et d'horreur trembler, & fremir.  
Yci,peuple,te faut gemir,  
En auallant ces cocfigrues.  
O vous de mon pays les Grues,  
Qui fans mefure en eftes chates,  
Depuis quand, Oifons, ne lefchaftes  
Les baife-mains,& les platines?  
Grec,Hebrieu,paroles Latines  
Tout par tout,mefme és Letanies,  
Et miliers de ceremonies,  
Sont les appafts dont ils attirent  
Tous les pigeons qui f'y retirent,  
Auecques vn cœur patient,  
Pour fe tromper a fon efcient.

Meffe n'eft que baftelage.

FRANC

FRANC ARBITRE est de sa nature
D'assez bonne temperature
Pour en faire digestion.
Que si l'on fait la question
Selon Dieu & sa verité,
Le Cuisinier plus deshonté
Dira que quand il luy plaira,
Paradis pour luy s'ouurira.
Bref, toutes les truffes des champs
Amassees par ces marchans
Là en plein marché sont en vente.
Ma plume n'est pas tant scauante
Qu'elle sceust toucher nommément
Ces viandes: iournellement
De toutes fresches ils en donnent,
Et tellement l'espice ordonnent
Par ce beau Romain condiment,
Qu'elles s'auallent doucement
Iusqu'au cœur, qui, s'il ha raison,
Sentira soudain la poison
De ce grand, grand, grand rostisseur.
Ie te di, lecteur, pour le seur,
Que sont les plats d'abusion,
Les plats, plats de confusion,
Ensemble toute la doctrine

Qui sort de la bouche & poictrine
De ce redoublé Pamphagus.
C'est pourquoy mes cousteaux agus
Ont confusément & sans ordre
Sur ces viandes voulu mordre.
Le bouilli a la mode antique
A receu la premiere picque.
Le rost subsequutiuement,
Et ce qui suit, hastiuement
S'est presenté.& le tout rien.
Mais ce riẽ vaut Dieu sçait combien.
O que ne suis-ie Pape, ou Roy!
Romains, pour tout certain ie croy,
Comme vous estes fourbisseurs
De nappes, de verres rinsseurs,
Artisons de caues, chopins,
Rouges Bons-temps, freres-lupins
Qu'auez tousiours vn pied en l'æer,
Pour bondir, baller, fringaler,
Ainsi qu'esgarez ablatifs,
Auez visages potatifs,
Nez cramoisis, & de coustume
Haussez le temps. Le feu s'allume
Cependant en vos gosiers frais.
Vos predecesseurs a grans frais

De

De l'Asiatique victoire
Prindrent heureusement la gloire
De bien cuisiner. vous aussi
De cuisine auez grand souci.
Car par vous ce vil ministere
De cuisiner, est haut mystere
De grande reputation:
Tant que par computation
Vous baillez grande recompense
A vos Athletes. Et ie pense
Qui'l n'y eust onc ni Epulons,
Ni Lupercaux, ni Helluons,
Milesiens, ni Sibarites,
Ni gorges grandes, ou petites,
Ni cuisines, ni cuisiniers
Qui autãt en sceussent du tiers.
ᵃ O loy Antie! o loy Fannie,
Loy Didie, loy Licinie,
Approchez. o Corneliane,
Et toy aussi loy Iuliane,
Dormez vous? De vos promptuaires
Sortez toutes loix Sumptuaires
Contre toute lasciuete.
ᵇ O lasciue excessiuite,
Qui iamais n'es de peu contente!

O gloire de table flottante
Sous l'ardeur de soif vicieufe!
O faim par trop ambitieufe
Qui mer pefches, & terre chaffes,
Et to' têps tout par tout pourchaffes
Tous tes appetis diffolus !
Qui n'entendra a ces Goulus,
Iufques aux os nous mangeront,
Voire nos os ils rongeront
Acharnez de cruelle rage.
Mais quoy ? Il faut prendre courage.
O vous enfanglantez Romains,
Voyci l'eau forte en puanteur.
Le dict eft vray du bon autheur,
Que moins lauees font mains nettes.
Si trop par trop ignorans n'eftes,
Papiftes, vous fcauez cefte eau
Auoir fa fource du ruiffeau
Dont print Pilate pour forger
Sentence, & Iefus Chrift iuger
A la mort. Cruels garnemens,
Puifez-vous par vos lauemens
En ces abominations,
Horreurs, & condamnations
Que fur les Chreftiens prononcez?

Affez

Assez pieça le denoncez
Par vos exploicts, sanglãs bourreaux.
Voyez voyez foudre & quarreaux
Tomber, vostre punition.
O Senat de perdition,
Iamais la Foy n'entendras-tu?
O peuple sot, peuple testu,
Scais-tu bien a quoy tu consens?
Approchez-vous, o innocens,
Constãs, hardis, sans peur, sans affre,
*Fideles innocens seruent de plaisir a ces Pape-lastres.* Pour seruir a ce grand Galaffre
Apres disner de Peauristes,
Histrions, Ludions, Cheristes,
Pantomimes, Aretologes.
Vos cris, helas! sont horologes,
Et aduertissemens de l'heure.
Cà, çà Loquebauts, sans demeure,
Si vos pasts sont pernicieux,
Vous estes du moins gracieux.
Car vostre grand disner desire
Courtes graces. Dit le Messire,
Agimus tibi. Beata
Viscera, Inuiolata,
Sans oublier Fidelium.
Amen. Puis, fier comme vn Lion.

Gaignons les pardons ſans payer,
Dit-il, & pour nous eſgayer,
Vous ſoyez les treſ-bien venus.
Bacchus & Ceres, & Venus
Que demandent-ils? De la panſe
(Ainſi que l'on dit)vient la danſe
Sans dilations, ni delais.
Çà maiſtre Iehan du Pont-alais
Vn ſaut a la mode Ionique.
Pour nous garder de la cholique
Allons a monſieur ſainct Trottin.
Ha monſieur ſainct Alipantin
En ta chappelle l'entrepas
Ie ſuis venu de mille pas
Empetré de mille folies.
Garde-nous de Melancholies,
Car trop mieux vaut rire & danſer
Que touſiours ainſi grimacer.
Sus donc que la ſoif on eſtanche.
Mais on maintient a ville franche
Que bien toſt des Rogations
Se feront abrogations
Ainſi que des vieilles Februes.
Deſia chacun parmi les rues
En parle,& moy,i'en fay la cire.



                    Chacun

Chacun delibere d'en rire.
C'eſt faict,l'arreſt en eſt donné.
Mais ſera-point tantoſt borné
L'eſcrit de ma melancholie?
Non,non, il faut qu'a plein ie die
Comment i'ay eſte agacé,
Et en cuiſine tracaſſé,
Comme i'ay tant couru,trotté,
Que i'en ſuis iuſqu'au dos crotté
Pour payement de mes iournees.
Meulles deſſus deſſous tournees
Furent par moy : mais de mouſtarde
Nul grain.Là c'eſt graine baſtarde,
Que Chreſtienne philoſophie.
Car pas vn ſeul d'eux ne ſ'y fie.
Mais ſi faut-il pour mon plaiſir,
Quils prenent ce iour le loiſir
D'en taſter a mon appetit.
Venez Gueux petit a petit,
I'en vens, i'en baille.Mouſtardi?
Qui eſt de vous le plus hardi?
Nul ne vient. Seigneur, quãd ſera-ce
Que ceſte tant Payenne race
Verra ce prouerbe en vſage?
Le monde(o Pape)n'eſt pas ſage,

Dont les enfans en vont legers
A la mouſtarde.O quels dangers
Si vn iour ma mouſtarde fine
Leur prend le nez en leur cuiſine!
Non que ie ſois vn vieil roſtier,
Qui ſcache trop bien le meſtier
De faire par tout la recherche.
Mais ſi ay-ie vne longue perche
Pour haut & bas la ramonner.
Ces chiens ne font que marmonner.
Ie voy coq en haut,chat çà bas,
Rates,ratons a leurs eſtas
Brauader,marmoter,courir,
Supporter,empoigner,mourir.
 Qu'eſt ce a ce coin?C'eſt trop ſõger,
Le retraict,& Garde-manger,
Et tout en vn le Garde-a boire.
O le peſtifereux Ciboire,
Plein de vermine,& reliqua!
La ſouri point ne repliqua,
Quand elle fut au briquet priſe.
Du chienMaigret fut l'entrepriſe
Bonne,qui tant en aualla.
Hola(dict quelqu'vn)qu'eſt ce-lá?
Ha (dict vn docteur bien poſé)

C'eſt

C'eſt poix,ou poiſon repoſé,
Plein de tignes,ou vermiſſeaux.
C'eſt vieille marec.O morceaux
Douteux!o quell'hoſtellerie!
O mort! o la ſommellerie
Des noĉturnes potations,
Crapules,liguritions,
Et non ordinaires licences!
Voyons, toutes les inſolences
Qui des ans ſont paſſez vn mille
T'ont donné(o gloutte famille)
Dequoy baſtir ceſte Cité.
Ie voy tout.O peruerſite
De tant frequentees popines!
O vous qui vous paiſſez de mines,
Combien de fois iouez l'annee
La condamnade condamnee
Auec ces aſſeurez pipeurs!
O des biens du monde attrapeurs,
Dreſſez-vous pas ainſi le ieu
Pour auoir de quoy voſtre feu,
Et la cuiſine entretenir?
Ie ne ſcaurois plus m'abſtenir
Que vos ſainĉts,mais feíĉts ſacrifices,
Idolatries,malefices

Ne mette en auant, Protheiſtes,

Vieux & vermoulus Atheiſtes,

Ordure du ſiecle, où nous ſommes,

Sales pourceaux, & non plus hómes, 

Plus a fuir que toute peſte.

Ce propos t'eſt aſſez moleſte

Homme brutal. Non pas? Non pas

Pour en perdre d'vn bon repas

Vn coup de dent. Viene qui plante

Pourueu que la table opulente

Soit d'accord a ta martin-gale.



O Papimanes, Martin gale

Pieç'a le deſſus de vos creſtes.

C'eſt vous qui iours ouuriers & feſtes

Sans fond a ces profuſions

Foncez iuſqu'a effuſions

Du ſang des Chreſtiennes brebis,



Dont vous portez rouges habits:

Tant eſt exceſſif voſtre eſcot.

Aquin, Albert, Lyra, l'Eſcot,

Holcot, Bricot, Tricot, & tels

Gros cuiſiniers des vieux autels,

Ont-ils pas du vieil Teſtament

Au nouueau conduit iuſtement

Les decimes ſur le colet

De

De meint poure frere mulet,
Et enseigné repeuës franches,
Pour auoir trippes les dimanches,
Et du poisson les vendredis,
Du pain,du vin les mercredis,
Et du rost toute la sepmaine?
Venez chalans, ie me pourmeine.
Monsieur de Cornibus crioit,
Aux Lutari,chacun prioit
D'ouir sa replique & defense.
Le Papistic martyr Roffense
Scait assez a quoy s'en tenir.
Eccius est pour soustenir
Du purgatoire l'auantage.
Tout conté, c'est bel heritage
Qu'apres grignoter,a la nappe
Torcher son bec,& puis la chappe
Ietter sur son dos mol & tendre.
Ainsi feit le grand Alexandre.
Mais ie veux faire sur cela
Quelque compte. Villon alla
En tauerne auec ses ribleurs,
Puis apres boire des meilleurs,
Voyci a la fin venir l'hoste
Pour conter. Adueint que de costé

Se trouua pour lors vn preud'hóme,
Qui ne scauoit que c'est de Romme,
Et n'en pensoit ni bien, ni mal.
Vien çà(dict Villon)Animal,
Que ie te bande les deux yeux.
Hoste, il ne void terre,ne cieux.
Sus hastiuement cachons-nous.
Le prins payëra tout pour tous:
Voyla ma loy.Villon desmarche
Au pris que le preud'hóme marche.
Bref,il sort dehors de compas.
Ses compagnons ne dorment pas,
Ils fuyuent en faisant silence,
Tant que chacun dehors se lance.
L'hoste en vn coin ne disoit mot.
Le preud'homme cóme vn marmot
Ne fait que bras & mains estendre.
L'hoste rit,& se fait entendre.
Preud'hóme court: l'hoste s'eslógne.
Ie te pren,dit il,ie t'empongne,
Vous autres en serez tesmoins.
L'hoste,qui ne pensoit rièn moins,
Quand il s'estoit mis a l'escart,
Apres auoir sceu le depart
Des galans,faisant du subtil,

Preud'-

Preud'homme,tu payeras,dit il:
Car en me prenant ie t'ay pris,
Et ne sortiras du pourpris,
Que le payëment ne soit faict.
Verite est telle en effet.
L'hoste est celuy,qui par Villon
(C'est le Pape,ou le Papillon)
Et par ses gens(sale prestraille,
Gens marchans de nouuelle taille)
Est deceu.Quell'inuention
*Priuile-*
*ge d'exẽ-*
*ptions de*
*la subie-*
*ction des*
*princes.*
Pour fuyr iurisdiction
Royale en dispute d'escholes!
Quel droit!quelle loy!par bricoles
Le Roy porte tout sur ses coffres:
Et toy paoure peuple tu t'offres
Portant sur tes yeux le bandeau.
Ne t'esbahi donc du fardeau
Des imposts,ni exactions.
Car contre toy les actions
*Ces baste-*
*leurs ne*
*muent*
*point qu'à*
*regarde*
*en leur gib*
*becẽrye,*
*& moins*
*rargues*
*qu'on ne se*
*l'escrit-*
*te*
A ces moyens sont bien parees,
Et mieux encor executees.
Cuidez-vous qu'escrire ie l'ose?
Ils veillent,(merueilleuse chose!)
A couurir comme feu de nuit,
Les mysteres du iour qui luit

Parmi l'obſcur de leur magie.
O religieuſe clergie!
Faut-il (diſent-ils) publier
Sacrez ſecrets, & oublier
La populaire indignité?
Ils monſtrent la Diuinité
Des religieux anciens,
Perſes, Brachmans, AEgyptiens,
Et puis ils alleguent Mercure,
Et puis Orphee, & la grãd cure
Du philoſophe Pythagore,
Et de ſes diſciples encore,
Qui caçhoyent tous leurs beaux ſerui
Auecques l'ordre, & les offices     (ces
Du Pythagorique ſilence:
Puis de Socrates l'excellence,
Et de ce tant diuin Platon,
D'ariſtoxene, & de Caton
La ſecrete philoſophie.
Et afin que mieux on ſe fie
A leur tant bonne & belle grace,
Ils adiouſtent les loix d'Horace,
Et l'Athenienne ordonnance.
Qui plus eſt, de là on ſ'auance
D'alleguer les ſublimitez

Cato,<br>Mitte ar<br>cana Dei

Horati⁹<br>inter le-<br>ges con-<br>uiuiales<br>hanc re-<br>cēſet, vt<br>ſit ſecrē-<br>tũ quic-<br>quid ſit

De

De Genese, & subtilitez
Qui se rencontrent sur la fin
D'Ezechiel. Voire, & afin
D'auoir solide fondement,
Ne laissent derriere comment
Il n'est permis par les Hebrieux,
(Tant ils les estiment scabreux)
De lire ces poincts aux mineurs.
D'autre part bon freres mineurs,
Vrais princes Hebrieux en caballe,
Tirent soudain de ceste balle
Les secrets du feu, & des cierges,
Et autres biens cachez aux vierges
De Vesta, & aux pontifices.
Puis ioingnent a leurs malefices
Les hauts cris du criard sergent
Dressez a la prophane gent
Es solennitez Eleusines.
Ainsi font-ils en leurs cuisines
Seruir & payens & prophetes.
Leurs impudences & tempestes
Crient qu'aux lais la cognoissance
Des saincts Escrits tourne a meschãce
Et qu'en tous temps & lieu le sage
Cache le secret du mesnage.

g.iii.

& dici-
tur in cõ
uiuio.,
Apud
Atheniẽ
ses in cõ
uiuiis se
niores
mõstra-
bant ia-
nuas cæ-
teris cũ
cinile ex
hortatio
ne, ne ꝗ
dictũ exi
ret.

In sacris
Eleusi-
næ Cere
ris initia
ti solùm
admitte
bantur
præcone
acclamã
te, Pro-
cul ꝺ ꝓ-
cul este
propha-
ni,
(Clama-
bat va-
tes) rotó
que ablĩ
stite lu-
co.

Auersa-
to cela-
tur sapiẽ
cia.

Iefus,difent-ils,en parole  
Ouuerte peu,par parabole  
Parla beaucoup: & ſi ordonne  
Que le ſainct aux chiens l'on ne dône,  
Ni aux pourceaux les marguerites.  
Voyla ce que ces chatemites  
Alleguent,cachans les ſecrets  
Non pas de Dieu,mais de Ceres.  
Secrets touteſſois ſi couuers  
Qu'on voit le iour tout au trauers.  
Et qu'eſt il beſoin de reliques?  
Cà letres Hiëroglyphiques,  
Il vous faut bien remettre ſus,  
I'en ſuis dauis.O bon Iefus!  
Ils ont ta verite ſi vile  
Que ſ'ils tenoyent ton Euangile  
Sous vn cachet,Naſo,Tibulle  
Properce,Martial, Catulle  
Tiẽdroyent lieu des vrais Euangiles?  
O deciſions bien ſubtiles!  
Voyla pourquoy eux tous auſſi  
De cacher ont ſi grand ſouci  
Leurs beaux ſecrets a tous,hors mis  
A quelques poures endormis  
Idiots,vieillars,ſimples veſues,  

Religio<br>ſa Aegy<br>ptiorum<br>volumi.<br>na hiero<br>glyphi.<br>cis lite-<br>ris ſcri-<br>bebãtur,

Qui

Qui espient les fleurs des febues:
Et a quelques vns dissolus,
Fauorisez & bien voulus
De to⁹ leurs troupeaux Seraphiques.
A ceux-la leurs mirelifiques
Sont departies priuément.
C'est le poinct, qui tant aigrement
Me poingt a vous contrepointer.
Mais vo⁹ loin du poinct d'appointer,
Sifflez, & ne faites que bruit.
Le prouerbe, Trop gratter cuit,
Voulustes pour cela m'apprendre.
Voyla pourquoy sans me defendre,
Couuert de puante fumee
(Si la porte eust este fermee
Ie fusse estouffé)a Dieu grace
Ie prins l'ær, & ioyeuse face
En despit de vous enfumez,
Vous quittant docteurs perfumez,
Mais non pas si bien entendus,
Que de pres vous estes tondus.

# SATYRE VII.

## LES DEVIS D'APRES DISNER.

QVEL bruit? Qui
font ces rioteux?
Ces ordoux aifi def
piteux,
Et mafques a lour-
de cabauche?
Sont les compagnons par desbauche
De maiftre Antitus, qui portoit
Chauffes a queuës, & trottoit
Gayment en fouliers a poulaine,
Enfans de Paris, & d'Helene,
Freres heritiers de Merlin,
Vrais difciples de Pathelin,
Ou mieux des porteurs de lardoires
Du temps iadis, vrais trottefoires,
Eftallans par tout marchandife,
Tous enfans de Papelardife,
Prefts a monter en auallant.
Puis Dieu fcait fi chafque gallant
Tenant toufiours le verre au bec
(A tel meneftrier tel rebec)
Met paradis en inuentaire,

Com-

Compofé fur fon breuiaire,
Contant vn par vn tous les Anges.
Ce n'eft doncq des bourbiers & fãges
Que puifez vos formalitez,
Inftances,& Ecceitez,
Vos quidditez & nominales,
Thomaffes,Albertes,reales,
Magiftrales finitions,
Arguties,conclufions,
Extramondanes d'Ariftote,
Correlaires a plene hotte,
Quodlibets, propofitions,
Subtiles fuppofitions,
Et tous tels threfors fcholaftiques.
Voire mais,riues aquatiques
Iamais le bon vin ne reffemblent.
Nonobftãt que toutes gens trēblent
En entendant vos beaux Latins
De cuifine.Fy fy maftins,
Humefouppiers, aualletrippes,
Guettelardons,gros fripelippes,
Qu'ay-ie dit?o vaillans Sophiftes,
Trefdignes & difcrets Scotiftesl
Docteurs fubtils,fubtiliffimes,
Docteurs illuminatiffimes,

Docteurs solennels, seraphiques,
Irrefragables, Deifiques,
Ne voyci pas vos vrais esbats?
Escoutez si i'ay haut & bas,
De vous nos Maistres bien titrez,
Les colloques enregistrez,
Pleins de Troulogale faconde.

COLLOQVE, DV QVEL SONT
INTERLOCVTEVRS, MONSIEVR No-
stre maistre Friquandouille, Frere Thibaud,
& Messire Nicaise.

Nostre maistre Friquandouille.

IE vire, ie tourne a la ronde.
Que voy-ie là?

Frere Thibaud.

*Ils se mo-*
*quent de*
*ceux qui*
*leur ap-*
*portent.*

Fols sans ceruelles,
Qui souuent de leurs tartauelles
A nos huis.

Messire Nicaise.

Tout ce que mangeons
Est tarteuellé.

Nostre Maistre.

Si rangeons
Nos cloches, maillets, & marteaux.

Frere Thibaud.

Contre qui? Contre les cousteaux
De ceux qui tranchent nos lopins?

Nostre Maistre.

Ils mesprisent (quels Fracs-taupins!)

Nos banquets, nos frugalitez.
F. T.
Ils rompent nos sodalitez,
Et nos munitions arrestent
Sur les passages.
M. N.
Ils s'apprestent
Pour resister a tous assauts.
N. M.
Nos dents, nos ongles sont les seaux
Pour les passer au mestier maistres.

*Ils parlēt aux Ministres de verite absēs*

I'en veux a vous, d'oisons les paistres,
Que vous font nos nez cramoisis?
Les dieux des Payens tous moisis
Viuoyent-ils de vins esuentez?
Estoyent-ils pas tresbien rentez
D'ambrosie & nectar és cieux?
Estans de ces terrestres lieux
Repeus doucement par odeurs,
Et abondamment des nideurs
Des holocaustes & victimes?
F. T.

*Pour maī tenir les sodalitez & conuinis.*

Sodales, compagnons d'estimes,
(Ie ne di pour me despiter)
Pour cela sceurent Iuppiter
Du nom Sodalat inuoquer.
Ce n'estoit pas pour Dieu mocquer,

Quand ᵃRomulus se couronna
D'espics de blé, & se donna
Nom de frere douzieme en nõbre.
C'est bailler a Ceres encombre
De contemner les bonnes cheres,
Quoy que les viandes soyent cheres.
Bref, toutes tables moniales
Sont les viandes ᵇCereales
Des compagnies Iuppinistes.
Au milieu d'autres chopinistes
ᶜCaton, ce vaillant Senateur,
Comm'il dit, & n'est point menteur,
Se trouua, & y beut d'autant.

M. N.

Prestres ᵈSaliens en sautant
Es enuirons de leurs anciles
On fait des generaux conciles
Pour practiquer mets somptueux.
Les sept epulons vertueux
En verite le testifient.

N. M.

Les vieux ᵉPontifes ratifient
Toute cest'honorificence,
Toute exquise magnificence
De nos ioyeux ᶠSynagogimes,

Et

---

a. Aruales sodales instituit Romul' inita cũ Tacio societate, séque inter eos Duodecimũ fratremappellari voluit. Huius sacerdotii insigne fuit corona spicea.

b. cereales cœnæ sũt quæ solẽnes, & sacræ exquisitissimis epulis instruũtur

c. Cicero de Senect. inducit Catonem ita differentẽ: Sodalitates me Quæstorẽ cõstitutæ sũt, sacris Idæis Magnæ matris acceptis. Epulabar igitur cũ sodalibus

d. Salii vetustissimi sacerdotes ancilia cælo delapsa saltãtes ferebant, & splendidè viuebant, adeòvt saliares dapes, prouerbio dicatur. Cura verò huius apparatꝰ magnifici dẽmãdata erat Septẽviris epulonibus.

e. Romani pontifices luxuriantes cœnas celebrarũt vt prouerbium vulgatũ sit, Pontificalis cœna.

f. Synagogimõ, cõuinio vbi simul bibitur, velquod symbolis constat. Athenæus.

Et des bien ordonnez regimes
De nos conuiues tant sacrez.
De Metellus sont consacrez
Pour cela, les faits en memoire.

M. N.

Qui scait le tour de l'escumoire
Doit tousiours grasse souppe auoir.

N. M.

Du Pape donq c'est le deuoir
De boire a la Theologale,
Pour digerer a la regale
Du peuple le pesant peche.

F. T.

Iours & nuits doit estre empesché
(Quoy que sa mule on en harie)
Pour maintenir la confrairie
De Mere eglise en ses estats.

M. N.

Quels apostres! mais apostats
Qui no⁹ voudroiét voir piés deschaux
Et souffrir faim, soif, froids & chauts
Au mespris de nostre prestrise.

N. M.

Les prestres Hebreux que l'on prise
Furent riches & opulens.
Et pourtant furent excellens

Macrob. Satur. vetustis simâ Metelli pô tificis cœ nâ sûmo appara tu, & om nigenis lautitiis instructâ descri bit.

La mule du Pape ne boit qu'a ses heures.

A maintenir religion
Par la vertu de bons deniers.
Ce non obſtāt ces gros aſniers
Diront que le pape Marcel
Deuoit refuſer le morcel
Que luy bailla ſaincte Lucine.
Et que de tous maux la racine
Prend des biens-faicts, & du butin
Du bon empereur Conſtantin.
Voyla vne belle ſcience,
Et gens de bonne conſcience
Qui refuſent le patrimoine.
Et tant ils ont le matrimoine
En leur recommandation !
Pape ſans domination
Ne ſeroit-il pas vn beau Pape?

F. T.

Au diable capuchon & chappe
S'ils ne portent authorite.

M. N.

Si fraternelle equalite
Auoit ſó lieu (choſes terribles!)
Adieu nos banquets Pollucibles,
Adieu bon temps, Adieu cuiſine,
Adieu toute vie diuine.

F. T.

Cœpit Romanᵉ Pōtifex diues fieri quū illum Lucina, Marcel. Io ſedente, moriens prima fecit hæredē.

Ementita donatio Conſtantini.

Apud Romanos Pollucibilia conuiuia ex piſcibus conſtabant.

F. T.

O griefues difputations!
Nous fommes aux tentations
Et autres feminins obiects
Ainfi que les autres fubiects.
Ha mon ami.

N. M.

Frere Thibaud.

F. T.

Noftre Maiftre.

N. M.

Hardi ribaud,
I'affufteray mille canons
Au befoin contre ces afnons
Pour du tout les mettre en poucieres

F. T.

Belles queftes.

M. N.

Rentes fonfieres.

N. M.

I'enten bien, c'eft la recompenfe
Qui nous fait auoit patience.

F. T.

Ha noftre frere Friquandouille!

N. M.

Que dites-vous frere Gribouille?

Vous feray-ie vne question
Sous le seau de confession?
Dictes-moy, péfastes-vous oncques
Que vous fissiez Dieu?
N. M.

Et quoy doncques?
F. T.

Ha dea, ie veux bien qu'on le croye,
Autrement a Dieu nostre ioye.
Mais fidam meam, Nostre maistre,
Ie ne scay pas que ce peut estre,
Ie ne le creu onc, ni ne croy.
N. M.

Parlez bas, non fay-ie pas moy,
Et bien souuent ay eu grand peine
De me retenir mon haleine,
Afin de ne peter de rire,
Lors que ce populaire tire
Ces mea culpa, de si loin,
Et qu'on me vient sans grand besoin
Leuer ma queuë par derriere.
Mais, viue nostre gibeciere,
Cela ne va que bien ainsi.
Mais quoy? scauez-vous? tout ceci,
Soit tout dit en confession.
M.N.

*Ces mangedieux ne croyèt rien mois que ce qu'ils veulent faire croire anx autres, tesmoin leurs denis particuliers, & les propres liures de leur Sophisterie.*

*Leurs plus beaux deuis sont du badinage du paoure peuple qu'ils ont abusé pour auoir l'offrande.*

M. N.

Noſtre maiſtre, vne queſtion.

N. M.

Hardiment. ie vous en diray
Tout autant comme i'en ſcauray,

M. N.

Ie demande, ne vous deſplaiſe.

N. M.

Non fait-il, Meſſire Nicaiſe.

M. N.

Si tout ce qu'on mange ſe chie?

N. M.

Et quoy donc? Et faut que ie die
Que tout hôme eſt fol qui en doute,

M. N.

Mais voyci la ſeconde doute:
Paradis n'eſt-il pas au lieu
Où ſe trouue noſtre bon Dieu
Qui au parauant eſtoit pain?

N. M.

Cela eſt vn poinct tout certain.
Et que concluez-vous pourtant?

M. N.

Ergo ie conclu que d'autant
Que le Dieu que nous auons fait,

h. i.

S'en va droit du ventre au retraict,
Il y faut chercher paradis.

N. M.

C'est vn argument de iadis.

*Telle est la resolu-tion des pl⁹ sauās Mathcolo giens.* Mais quoy que soit, il no⁹ faut croire,
Que nostre bon dieu deuient foire
Deuant qu'estre en bas deuallé.
Parquoy, puis qu'il s'en est allé
Deuant qu'attendre la sortie,
C'est foire, & nõ pas dieu qu'on chie.

M. N.

O belle resolution
De difficile question!
Frere Thibaud que vous en semble?

F. T.

Beuons mon amy, car ie tremble
Que quelcun de ces fins frottez
Ne nous ait desia escoutez.
Et puis, quoy Mõsieur nostre Maistre?

N. M.

*Deuise emprūtée de Sarda napale, par les pa pelastres.* Il m'est auis qu'il n'est que d'estre.
Bon pain, bon vin, & bon potage,
Sont le soulas d'vn homme sage.
Et vous quoy Messire Nicaise?

M. N.

Il n'eſt que de viure a ſon aiſe,
Et noyer tout ſoin & ſouci.
Vous pleurez, frere.

F. T.

Il eſt ainſi.
Car la peine eſt grande, a vray dire,
D'ainſi touſiours gaudir, & rire.
Mais il faut auoir patience.

N. M.

Sus, abruuons la conſcience
Tandis que ſommes yci bas.
Car c'eſt apres noſtre treſpas,
Que nous beurons de l'eau-beniſte.

F. T.

De la table aller droit au giſte,
Et trouuer là ie ſcay biẽ quoy,
N'eſt ce pas defendre la foy,
Quoy que Lutheriens eſcriuent.

N. M.

Ceux-la boyuent bien, qui biẽ viuẽt.

F. T.

O belle ſentence & bien graue,
Quand on a tant beu qu'on en baue!

M. N.

Voyla ſans faute vn mot doré!

h .ii.

*F. Pierre Doré trſ digne Ia- copin.*

Y fuſt frere PIERRE D'ORE.

F. T.

O grande conſolation!

M. N.

O certaine approbation
De la ſaincte foy catholique!

N. M.

*a*
*F. Antoi ne Catelā condam- né pour bougre en ſon conuēt D'alby, foitté pour adultere au conuēt de l'obſer nance a Thoulo- ſe, par importu- nité de ceux auſ- quels il touchoit, depuis de uenu Mai ſtre Ali- boron en Italie, & de là ayāt cōtrefaict l'Euange liſte auec vne putaī par leſpa ce de deux ans, par faute de trouuer qui ſen vouluſt ſer uir, deuenu piller de la foy Catholic- que.*

Viue des verres la muſique,
Changeons propos, quelle nouuelle?
Que fait de Luther la ſequelle?
Mourront-ils pas l'vn de ces iours?

M. N.

Fidam meam ils vont touſiours,
Et pleuſt a Dieu qu'ō euſt fait treſues.

N. M.

O le bel eſcoſſeur de febues
Que frere [a]ANTOINE CATELAN!

F. T.

*b*
*N. Mai- ſtre de Mouchy, maiſtre ſel iuré, ſeſmoinle crucifix de Noyō,*

*c*
*Artus beau fai ſeur de lardoires qui ri- maille pourauſit ſa lippée.*

Baille luy belle, que de l'an
Il n'euſt tant ſongé ce badin.

N. M.

Et [b]DEMOCHARES ce dandin,
Et ce bel [c]ARTVS deſchiré.

M. N.

Par diam, i'euſſe deſiré

Qu'ils

Qu'ils euſſent eu fiebure quartaine,
Pluſtoſt que de prēdre la peine
D'expoſer par leurs menteries
Tout noſtre faiɕt a moɕqueries.
Car, le grand gibet y ait part,
Ils ne viuent pas a l'eſcart
Nos ennemis,chacun les voit,
Et tout clairement apperçoit
Tout le rebours de nos menſonges.

F. T.

Il eſt paſſé le temps des ſonges.

N. M.

Le tēps n'eſt plus,quand tout eſt diɕt,
De faire tout croire a credit.
Mieux nous vaudroit paſſer le temps,
Tant qu'il dure, en paix & contens,
Et quittant là tous ces Ergos,
Alleguer tout droiɕt les fagots.

M. N.

O treſdiuine opinion!

F. T.

O courte reſolution!
Teſmoin Liſet, ce bon preud'hóme,
Qui euſt par trop mieux faiɕt en ſóme
De n'entrer ſi auant en ieu.

Ici giſt la
ſomme de
la Theolo
gie papi-
ſtique.

h.iii.

Meſſiré Nicaiſe.

Mais noſtre Maiſtre depardieu,
Auez-vous point ouy nouuelle
D'vne riſee ſolennelle
Qu'a fait de ſon nez treſpaſſé,
Et dedans vn verre enchaſſé
Vn certain poëte a demy?

F. T.

Et conte-nous en, mon ami,
Les morts n'en ſeront pas marris.

N. M.

Marris ou non, ie veux du ris
Toufiours a l'iſſue de table.

M. N.

Oyez donc d'vn nez venerable
Vne complainte mirificque:
Et puis nous orrons la muſicque.

COM-

# COMPLAINTE DE MES
## SIRE PIERRE LISET SVR LE
trespas de son feu Nez.

ESSIRE Pier-
re estonné
De voir sõ nez bou
tonné
Prest a tomber par
fortune
De la verole importune,
De grand colere qu'il eut,
Print son grand verre & y beut,
Puis d'vne musicque y urõgne,
Contournant sa rouge trõgne,
Iettant son œil chassieux
Vers son royaume des cieux,
(C'est a dire, ses bouteilles
Belles, grandes, nompareilles,
De son buffet l'ornement,
Et son seul vray sauuement)
Acoudé dessus sa table,
Rota ce cry lamentable.
Ha paoure nez tu t'en vas,
Et ie demeure yci bas!
Nez né seulement pour boire,

h.iiii.

Nez mon honneur, & ma gloire:
Nez qui peux entierement
D'vn seul regard seulement
(Car notez, le bon hommeau
Auec son rouge museau,
Seul d'entre les hommes nés,
Ne regardoit que du nez.)
Tout l'vniuers alterer,
Las!te faut-il enterrer,
Et qu'eau benite te laue
Prinse ailleurs que dans ma caue!
Nez, seul vray nez beuuatif,
Nez d'vn teinct alteratif,
Nez dont mesmes la roupie
Pissoit vin de goudepie,
Nez gourmet de mes desirs,
Alambic de mes plaisirs,
Nez par qui fut annoncé
L'aigre, l'esuent, le poussé,
Suce-vin, vuyde-bouteille:
Nez, nez ma rose vermeille.
Adieu nez qui vas en terre,
Auecques lequel s'enterre
L'espoir que i'auois iadis
De ce mien bas paradis.

Helas ! au moins i'esperois
Qu'auec moy tu partirois,
Et qu'apres nostre viuant,
Mourrions ensemble en beuuant.
Nez, vray nez de Cardinal,
Mes heures, mon doctrinal,
Miroir de la Sorbonique,
Qui ne fus onc heretique,
Vray suppost de nostre eglise,
Digne qu'on te canonise :
Mon rebec, ma cornemuse,
Duquel la ronflante muse
De blanc & cleret enflée
Euft peu tout d'vne soufflee
Calliope & fes enfans,
Iufques aux plus triomphans,
Voire tout leur Hellicon
Deffier a beau flafcon,
Voire leur double Parnaffe
Deffier a belle taffe.
Helas ! flafcons & barils,
Chãte-pleures & durils,
Il s'en va mourir ce nez
Qui vous a tant pourmenez.
Nez defuncts ie vous adiure,

Ie vous prie & vous coniure
Par flafcons, & gobelets,
Par tous frians morcelets,
Ceruellats, paftez, efpices,
Pieds, andouilles, & fauffiffes,
Honneur de nos cheminees,
Par iambons, & efchinees,
Bœuf fallat, & haftiueaux,
Pipes, poinffons, & tonneaux,
(Et notez. O grand pitie!
O immortelle amitie!
Qu'en chantant tout ce beau rolle,
Entrecoupant fa parole,
Le bon preud'homme preffé
De fon nez intereffé,
Autant qu'il poulfa de mots,
Autant foufpira de rots.)
Or doncques, nez, dit-il lors,
Paoures nez qui eftes morts,
Faites a mon nez l'honneur
Qui affiert a tel feigneur.
Mais o mon nez qui t'en vas,
Eftant ainfi mort helas!
A quel maiftre feras-tu
Conuenable a ta vertu?

Si

Si tu as encor enuie
De me plaire apres ta vie,
Va droiƈt entre les camus
Choiſir feu De cornibus.
Car lors (o grand deſplaiſir!)
Que la mort le veint ſaiſir,
Le bon homme (ſcay-ie bien)
Auoit ia perdu le ſien.
Au moins i'auray ce confort,
Que ſeras apres ta mort
Le nez d'vn autant preud'homme,
Que fut onc pape de Romme.
Sur ce L'yurongne ſe teut,
Et le paoure nez luy cheut,
Qu'il ramaſſa doucement.
Puis, pour ſon contentement,
Ordonna treſbien & beau
Qu'il feuſt mis en ce tombeau,
Bien proprement enchaſſé
Dedans vn verre caſſé.
Puis, pour memoire eternelle
De ſon nez & de ſon zele,
Luy graua ceſte epitaphe,
Qui'l ſigna de ſon paraphe:

CI GIST ENCHASSE EN VERRE
LE FEV NEZ DE MAISTRE PIERRE.
PRIEZ O VOVS QVI PASSEZ
POVR TOVS LES NEZ TRESPASSEZ.

## SATYRE VIII,

### CONTENANT LE TROVBLE de la feste.

INSI difputoyét
vis a vis
Nos maiftres, quãd
fur ce deuis
Voyci venir vne per
fonne
Qui d'eux nullement ne f'eftonne:
Et d'autant qu'auoit efcouté
Tout ce qu'ils auoyét difputé,
Bien venu qui ceans apporte,
Entrons, dit-il, voyci la porte
Des ennemis de verite.
Quoy? Eft-ce ci l'integrite
Des anciens? Quelle cauerne
De larrons! o quelle tauerne
De tout erreur! O roftiffeurs
Entendez, tenez-vous affeurs
Que d'autant que vos vtenfiles

Ne

Ne permettez par saincts Conciles
Estre remuez, nous voyci
Pour cela.                    En parlant ainsi,
Courageux, preux, vaillans Ministres,
Approchent paniers & canistres,
Rompent les plats, escuelles percent.
Cela fait, és conduits renuersent
Vin, pain, viandes, vilenies.
Puis au milieu des felonies
Des maistres principaux commis,
Ils ont sur tables des mets mis
Diuinement delicieux.
Lors la Dame aux yeux chassieux,
Dit, haro! voire dea, Prophetes
Qui les beaux seruices deffaictes
De mes domestiques vicaires,
N'auez-vous nuls autres affaires
Que de ma cuisine gaster?
Du moins deuiez auant gouster,
Sans faire bruit, mes douces fausses.
Cependant vos receptes fausses
Sentent le feu. Vous mes suppost,
Voulez-vous perdre vos repos?
Bruslez.    Supposts de s'effrayer,
Et petits, & grans de crier,

Al’ar me,a l’arme,& a l’effroy.
Voyci le gras gros damp Geofroy
A la grand dent,picquefaufiffe:
Damp Finet,happe-benefice:
Damp Guillot,furnómé l’yurongne:
D. qui toufiours boit,f’il ne groigne:
D.qui tiét toufiours fes mafs nettes,
Pour bien crocheter les beuretes:
Damp Vedel fans difcretions,
Qui mange les oblations:
Damp Fripefauffe,qui fe bande
A deuórer toute prebende:
Damp Ioyeux preud’hós honorable
Qui mangeroit treiteaux & table:
Damp Tirelardon l’aualeur:
Damp Phagon,Phagon l’engouleur:
Freres Philoxene,& Gnathon,
Ceftuy chat, & l’autre chaton:
Qui en tó⁹ plats ordoux , fe mouchét,
Afin que les autres ni touchent:
Frere qui mange a f’eftrangler,
Bonofe qu’il conuient fangler:
Damp qui toufiours rinffe le bec,
Le pere gardien gros bec:
Pere cuftos,pere pillard,

Pere

Pere bourſier le ſaoul de lard,
Le confeſſeur hume-brouët,
Le viſiteur trouſſe-fouët:
Le ſot Souſprieur, ſaoul-de creux:
Monſieur le chambrier ſonge-creux,
Monſieur le Cellerier Trinquet,
Monſieur le panetier Croquet,
Monſieur l'aumoſnier taſtepoire,
Le Secretain verſe-ma boire,
Le Threſorier, tous ſont contens,
Le liſeur, Compere Bon temps
Monſieur le Doyen Nil-valet,
Monſieur le Preuoſt, fin valet,
Le chantre, Tout-eſt deſpendu,
Le grand Choriſte, Pain-perdu,
Lacquais, auant-marcheurs, nouices
Leſche-plat, auec Trinque-pot,
Guette-pain, auec Leſche-roſt,
Le pouacre Monſieur l'Abbe
De tout le monde gabbé,
Tant il eſt fat, & ridicule
Auecques ſon aqualicule,
Vuide-grenier, le Souffragan,
L'Officialis fouffl'-en gan,
Monſieur l'Eueſque ſerre-en l'arche,

Saoul-d'ouurer, le grand Patriarche.
Tous, di-ie, oublians le manger
Pour vn temps, se veinrent ranger
Pour frapper d'estoc & de taille.
Lourdaux demandent la bataille,
Si qu'apres des soupes les charmes
Chacun accourut a ses armes,
En confusion pesle mesle:
Les vns espez comme la gresle
Empoignent (o fortes Canailles!)
Pales, fourgons, broches, tenailles,
Leschefrois, chandeliers, aiguieres:
Les autres landiers & chaudieres,
Chauderons, pots, plats, & escuelles,
Bassins, cocquemars, & coquelles.
Voyla la guerre aux cuisiniers,
Pour garder cuisine & greniers.
Moy cependant de me caler:

Car que sert prescher, & parler
A ventre qui n'ha point d'aureille?
D'ailleurs, ce n'est poīt de merueille,
Si i'ay fuy la bastonnade.
Mais non obstant ceste sonade
I'espere que verray le iour
Qu'ils pleureront a mon retour

## ESCRITEAV SVR LA CVI-
### sine Papale.

Ceste cuisine, à coquina,
Proprement se nomme COQVINE,
Car rien que paillards coquins n'ha,
Auec lesquels elle coquine.


## A MESSIEVRS PASSE-VENT,
### & Passe-par-tout.

Passe-uent, & Passe-par-tout
Vont en cuisine l'entrepas :
Puis allans, venans tous debout,
N'ont que la soupe pour repas.
Or Badins, n'entendez-vous pas
Que de passer vous presse l'heure?
Passez mensonges a grans pas,
La verite tousiours demeure.

i. i.

## AVX CVISINIERS.

De ces Cuisiniers le grand heur,
De ces Maistres l'authorité,
Le bon visage, la longueur
De ces banquets, l'amenité
De ce lieu, la fecondité
De la table, & l'ordre des mets,
Tout cela pour commodité
De viure gras, est a gre. Mais!

## AVX ROSTISSEVRS.

Ie cognoy, Cagots, que mes liures
Vous sont fascheusement nouueaux.
Bruslez, si en serez deliures
Pour vous en seruir de naueaux.
Mais scauez-vo' q̃ c'est, Gros veaux,
Fuyez le feu qui s'en fera:
Car la fumee en vos cerueaux
Seulement vous estouffera.

## DE LA DEFENSE DE LIRE LA SAIN-
### &te Escriture.

Nos grans docteurs au cherubin visage
Ont defendu qu'homme n'ait plus a voir
La saincte Bible en vulgaire langage
Dont vn chacun peut cognoissance auoir.
   Car, disent-ils, desir de tant scauoir
N'engendre rien qu'erreur, peine & souci.
   Arguo sic, S'il est doncques ainsi
Que pour l'abus il faille oster ce liure,
Il est tout clair qu'on leur deuoit aussi
Oster le vin, dont chacun d'eux s'enyure.

## EPITAPHE DE MESSIRE PIERRE
### Liset, preux & vaillant champion.

Hercules desconfit iadis
Serpens, geans, & autres bestes.
Roland, Oliuier, Amadis
Feirent voler lances & testes.
   Mais, n'en desplaise a leurs conquestes,
Liset, tout sot & ignorant,
A plus faict que le demourant
Des preux de nation quelconques,
Car il feit mourir en mourant
La plus grand' beste qui fut oncques.

FIN.